그래, 난 노란 튤립 첼리스트야!

그래, 난 노란 튤립 첼리스트야!

발행일   2026년 1월 9일

지은이   이혜린
펴낸이   손형국
펴낸곳   (주)북랩

출판등록   2004. 12. 1(제2012-000051호)
주소   서울특별시 금천구 가산디지털 1로 168, 우림라이온스밸리 B동 B111호., B113~115호
홈페이지   www.book.co.kr
전화번호   (02)2026-5777   팩스   (02)3159-9637

ISBN   979-11-7598-030-3 03190 (종이책)   979-11-7598-031-0 05190 (전자책)

작가 연락처 문의 ▸ ask.book.co.kr

전용 게시판에 문의를 남기시면 저자에게 직접 전달됩니다.

(주)북랩 성공출판의 파트너

북랩 홈페이지와 SNS에서 다양한 출판 솔루션을 만나 보세요!

홈페이지 book.co.kr   •   **블로그** blog.naver.com/essaybook   •   **출판문의** text@book.co.kr
카톡채널 북랩

어느 또라이 첼리스트의 좌충우돌 인생 역전기

그래, 난 노란 튤립 첼리스트야!

이혜린 지음

북랩

장면1. 장례식장-미친(?) 첼리스트

2019년 5월에 아버님이 돌아가셨다.

1,000여 분 가까이 문상객들이 오셨지만, 아니 내 人生에 이렇게 특이한 문상객은 처음이다. 첼로를 메고 와선 연주를 하겠노라고… 순간적으로 머리가 혼란스러웠다. 엄숙한 장례식장에서 예고도 없이 첼로 연주라니… 또 한편으로 내가 가르치고 코칭한대로 참 멋지게 미쳤구나.

아버님 영정 앞에서 수많은 조문객과 함께 멋진 첼로 선율이 울리자 모두가 감동! 감동! 감동!

이 세상 최고의 장례식을 경험했다. 저 세상 아버님께도 최고의 천국 잔치가 되었다. 내가 대통령이라면 모든 장례식에 첼로 연주를 법제화하고 국가가 지원하겠다.

장면2. 어쩌면 세계 최초의 첼리스트 마스터

이 책의 저자 이혜린 첼리스트가 3P자기경영연구소의 기초과정을 마치고 나에게 찾아왔을 땐 노란 튤립도 아니었다. 노랑 애기똥풀쯤… 러시아에서 11년간 공부해 박사과정까지 마친 모든 기록, 자료가 담긴 외장하드가 망가졌단다. 모든 걸 포기한 채 자신감, 자존감은 바닥을 찍었다.

게다가 "대표님, 저는 음악하는 사람이라 글씨를 잘 못 쓰는데 코치나 마스터(강사) 과정을 따라갈 자신이 없어요. 그래도 해도 될까요?"

그렇게 시작한 이혜린 저자는 무섭게 폭풍 성장을 했다. 포기하지 않고 집요하게 파고들었다. 결국 40만 명 교육생 중에 3,000여 명의 코치, 마스터 중에 유일하게 첼리스트 마스터가 탄생했다. 아니다. 세계 최초다. 세스 고딘이 『보랏빛 소가 온다』고 했듯이 노란 튤립이 피어났다.

장면 3. 청출어람-거인의 어깨

얼마 전 강의장에서 이혜린 마스터를 만났다. 둘 다 강사로. 우리나라 최고의 보험회사의 수 억대 연봉을 받는 탑 세일즈 우먼들을 대상으로 하는 강의가 조금 의아했다. 그동안 많이 성장하고 성과도 많아 학생들 대상으로 훌륭하게 강의를 하고 있다는 소식은 들었지만 대상이 프로 중에 프로만 모인 자리인지라 약간의 염려가 있었다. 더구나 세일즈 경험도 없는 이혜린 마스터가 어떻게 강의를 풀어갈지 기대 반, 걱정 반의 심정을 아는지 모르는지 해 맑은 표정으로 인사를 한다. "대표님, 제가 앞에 강의를 하는데 카페트 쫙 깔아놓겠습니다."

저 근거 있는(?) 자신감은 뭐지?

그런데 30초 만에 이글거리는 눈빛과 하늘을 뚫는 자신감과 강렬한 PT 첫 화면으로 강의장을 장악하기 시작했다. 나도 모르게 빨려들기 시작했다. 거기에 첼로라는 가공할 화력으로 불난 집에 기름을 부었다. 멋진 클래식 선율이 울려 퍼지며 황홀경에 빠질 쯤 예상치 못한 가요 연주로 허를 찌르며 모든 교육생의 무장해제를 시킨다.

엔딩 직전 '백만송이, 백만송이~'가 연주될 땐 교육생 대부분 일어서서 박수와 춤을 춘다. 도도한 프로 세일즈 우먼은 어디 가고, 친근한 동네 아줌마들이 무대를 장악한다.

참으로 놀랍고 가슴이 뻐근해진다.

"자네가 3P마스터(강사)가 되면 오히려 포기했던 첼로를 더 많이 연주하게 될 거야. 그리고 유일무이하고 독보적인 첼리스트 마스터가 될 거야."

수년 전 예언 같은 조언이 이루어진 현장에서 기적을 목도했다. 그때의 감동과 감격을 오래 기억한다.

청출어람! 거인의 어깨에 올라타고 뛰어넘었다.

이제 이혜린 거인이 어깨를 내민다.

기꺼이 올라타시라. 그리고 넘어가시라고

이 어깨 책 100권쯤 구해 씨앗처럼 뿌리시라

또 다른 거인들이 살아나게.....

3P자기경영연구소 대표

독서포럼나비 회장

독서혁명가 **강규형**

빨간 튤립 속에서 당당하게 피어난 노란 튤립 첼리스트

처음 이혜린 첼리스트와 남편인 다가치나눔교육플랫폼(주) 씨드 대표 윤창호 부부를 만났을 때, 그들의 눈빛에서 교육에 대한 진심을 보았습니다. 음악가로서의 화려한 이력이 아니라, 청소년들을 향한 뜨거운 열정과 교육에 대한 순수한 꿈이 그들을 빛나게 했습니다.

한국교원대학교 융합교육연구소에서 이혜린 작가와 함께한 시간은 제게도 특별한 여정이었습니다. "책을 쓰는 꿈이 있어요."라는 한마디가 〈좋아하는 일을 직업으로 만든 사람들의 이야기〉라는 결실로 이어지는 과정을 지켜보면서 꿈을 향해 나아가는 열정을 다시 한번 확인했습니다. 쉽지 않은 여정을 함께하면서 첫 작품이 성공적으로 마무리되고, 그 성공의 경험이 다시 이렇게 온전히 그녀만의 목소리로 채워진 이 책으로 탄생하게 된 것에 대해 진심으로 기쁘게 생각합니다.

이 책은 단순한 자서전을 넘어서서 세상이 정한 빨간 튤립의 기준에 맞추려 애쓰며 상처받았던 수많은 '노란 튤립'을 위한 위로와 용기를 주는 글입니다. 세상에서 정한 공부를 잘해야 하는 문제에 부딪치고 스스로 해결해 나가면서 받은 상처를 극복하고, 첼로를 통해 사람들을 위로하고 스스로 성장하는 과정은 우리에게 중요한 메시지를 전합니다. 다름은 틀림이 아니며, 실패는 끝이 아니라 새로운 시작이라는 것을 말입니다.

저 역시 기존 학교 공부의 문제점을 깨닫고 진정한 성장을 위한 공부의 의미를 바로 세우기 위해 한국교원대학교 융합교육연구소와 대학원 융합교육전공을 만들고 소장과 전공주임으로 활동하면서 이혜린 첼리스트를 만나게 된 것을 행운으로 생각합니다. 이혜린 첼리스트가 경험하고 성장하면서 겪었던 솔직한 여정이 지금 학교 공부와 사회적 시선에 힘들어하는 청소년들에게큰 위안이 될 것입니다. "나는 나대로 괜찮다"는 메시지는 우리 교육 현장에 절실히 필요한 목소리입니다.

한국교원대학교 융합교육연구소에서 연구원으로 지켜본 저자의 모습은 이 책의 메시지와 정확히 일치합니다. 그녀는 끊임없이 새로운 도전을 마다하지 않았고, 실패를 두려워하지 않았으며, 자신의 특별함을 교육이라는 영역에서 꽃피웠습니다. 첼로와 교육을 융합한 독창적인 프로그램들, 학생들의 자기주도성을 키우는 다양한 콘텐츠들은 모두 '노란 튤립'이기에 가능한 창조적 결과물이었다고 생각합니다.

모든 사람은 다 다르고 그 다르다는 사실을 대부분 부끄러워합니다. 이제 이 책을 읽는 독자들, 특히 자신이 다르다는 이유로 힘들어하는 모든 분은 빨간 튤립 속에 노란 튤립으로 당당하게 피어나시길 바랍니다. 자신의 아름다움을 깨닫고, 세상에 기여할 수 있는 다양한 방식을 이 책과 함께 탐구해 가시기 바랍니다.

백성혜

한국교원대학교 융합교육연구소장 및 대학원
융합교육전공 주임

챌로 연주가인 이혜린 씨를 만난 건, 2022년 가을, 로타리클럽 6지역 챌로 연주를 듣고부터입니다. 독일이 아닌 러시아에서 차이코프스키의 후배로 챌로를 공부했다는 경력을 듣고 다소 특이한 유학을 했다고 생각했습니다. 클래식은 물론, 한국 가곡과 유행가를 챌로로 듣게 될 줄을 몰랐는데, 이혜린 씨는 듣는 사람을 즐겁고 유쾌하게 하는 방법도 잘 아는 것 같았습니다.

그 후, 몇 번의 다양한 행사에서 만날 기회가 있었고, 어디든 달려와 다양한 관객 앞에서 연주해주며 관객을 행복하게 해 주었습니다. 청소년을 위한 지도와 다양한 봉사, 소년원, 교도소에서의 공연, 식당에서의 즉흥 연주들은 보통 클래식 연주가들은 하기 어려운 일인데도 이를 통해 주위 사람을 감동시키니 참으로 신기하고 대단하게 느껴집니다.

책을 읽고 방황했던 어린 시절, 공부가 잘 안 되어서 첼로를 하게 된 일, 유학을 하게 된 배경과 어려움을 알게 되었습니다. 저자의 말대로 참으로 또라이같이 살아 왔으나 그렇게 쌓인 내공으로 현재는 아주 훌륭하게 연주도 하고, 청소년을 지도하는 등 봉사를 잘하고 있다는 생각이 들었습니다.

특히, 좋은 남편 덕에 울산바위 정상에서 첼로연주를 할 수 있는 배짱과 아이디어는 누구도 못 따라할 일입니다. 이혜린 씨와 함께 남편 윤창호 씨도 존경스럽습니다. 많은 꿈을 가지고 노란 튤립으로 살아온 그 경험으로 이제는 많은 젊은이의 삶을 성숙하도록 깨우쳐주는 일을 하고 있으니 이 책을 통해 더 많은 사람을 살릴 수 있길 바라봅니다.

송덕 **손봉락**
TCC스틸 회장
국제로타리 3650지구 22-23년도 총재

내가 저자를 처음 만난 것은 지구촌 가정 훈련원 부부행복학교 6개월 과정의 내적치유를 진행할 때였다. 그때 저자는 나에게 바락바락 대들었다. 분노가 머리끝까지 차 있었고 독기도 바짝 올라 있었다. 나는 대드는 사람이 내심 반갑다. 왜냐하면 그것은 내재된 에너지가 크다는 뜻이기에 방향만 잘 잡아주면 엄청난 일을 해내기 때문이다. 정말 내적치유 이후 저자는 나의 열렬 제자를 자처하면서 연주자로, 동기부여가로, 청소년 코칭 외에도 엄청나게 많은 일을 해내고 있다. 존경스럽다는 마음이 들 정도다. 그런 그가 이번에 책을 낸다고 추천사를 요청해 왔다. 이 책이 방향을 바로잡은 삶의 열매요 많은 사람에게 큰 영향력을 행사할 것이기에 박수 치며 축하해 주고 이렇게 추천사를 쓴다. 하나님은 강자보다 약자, 부자보다 가난한 자, 장자보다 차자에게 더 큰 관심을 주셨던 것처럼 그의 관심도 거기에 가 있다. 이 책에는 저자의 아픔과 고뇌, 절망과 슬픔이 녹아 있다. 그런 자신의 분노를 에너지로 전환시켜 삶의 동력으로 만든 것처럼 많은 사람, 특히 많은 아이가 그렇게 되기를 바라고 있다. 부모와 자녀가 함께 읽으면 더 좋을 것이다.

이희범 원장
지구촌 가정 훈련원 원장, 극동방송가정사역자, 부부학교,
『남편의 눈물이 내 볼을 타고 흘렀어요』 저자

어느 날 저자가 고민을 털어놓았다. 자신의 이야기를 책으로 쓰라는 주변 사람들의 권유를 많이 받았는데 자신이 과연 그럴 만한 인물이 되는지 모르겠단다. 나는 그에게 성공담 대신 실패담을 쓰라고 했다. 그 실패담이 누군가에게 큰 힘과 용기를 준다면 그것이야말로 본인이 원하는 바 아니냐고 했더니 고개를 끄덕였다. 그리고 덧붙였다. 세상을 살아갈 때 모든 것을 생각하는 치밀함도 필요하지만 때로는 무슨 일이든 일단 덤벼드는 무모함도 필요하다고... 그래서 이 책은 무모하다고 느껴질 정도의 좌충우돌 인생기다. 엉뚱하면서도 짜릿하고 짠하면서도 통쾌하다. 그런데 그 무모함이 저자의 가장 큰 강점이요 독특함이다. 저자는 그것을 '또라이'라고 지칭하지만 나는 '또 right!'라는 새로운 의미를 부여해주었다. 자신이 별 볼 일 없는 존재라고 여기는 사람은 이 책을 꼭 읽으라. 그러면 반드시 별(★) 볼 일 생길 테니.

이병준 박사
파란리본 패밀리 브릿지 대표,
『남편&아내사용설명서』,『사춘기자녀 부모 파이팅』 저자

나는 노란 튤립입니다

빨간색 튤립으로 채워진 넓은 꽃밭을 상상해 보세요. 수천 송이의 빨간 튤립이 같은 높이, 같은 각도, 같은 모양으로 피어 있습니다. 그중에서 가장 아름다운 튤립을 고르라면 어떨까요? 아마 쉽지 않을 겁니다. 모두가 비슷하니까요.

그런데, 그 빨간 튤립 사이에 노란 튤립 한 송이가 피어 있다면 어떨까요? 어쩌면 그 노란 튤립은 빨간 튤립들이 잘못 피어난 꽃이라고 여길지도, 빨간색으로 물들이거나 뽑아버려야 할 존재로 보일 수도 있습니다. 하지만 그 노란 튤립은 그냥 노란 튤립일 뿐입니다.

이 책은 세상의 수많은 노란 튤립에게 보내는 색다른 메시지입니다. 여러분 중에는 자신이 왜 다른 사람과 다른지, 반사적으로 남들과 비교하는지, 잘 어울리지 못하는지, 그래서 태어난 것 자체가 문제는 아닌지 고민하는 학생이 꽤 많이 있을 겁니다. 부모님이나 선생님들에게 도움을 요청해 보지만 마땅한 도움을 받지 못했던 경험도 있을 겁니다.

저 역시 노란 튤립이었습니다. 저는 오랫동안 저 자신을 찾아 헤맸습니다. 남들과는 다른 생각, 다른 꿈, 다른 방식으로 살면서도 빨간 튤립이 되지 못한 나를 도망자로 여겼습니다. 이것을 못 하니 저것으로, 이 나라가 힘드니 저 나라로, 현 직업이 맞지 않으니 다른 직업으로… 계속 그렇게 도망치며 살았지요. 그러면서 스스로에게 늘 말했습니다. '너는 인생 전체가 도피야.'

그러던 어느 날, 한 기업의 대표님에게 푸념을 늘어놓았습니다. "대표님, 전 도대체 제가 누군지 모르겠어요. 뭘 하는 사람인지 전혀 모르겠어요. 이리저리 기웃거리는 제 인생엔 답이 없어요." 그때 그분이 웃으며 말씀하셨습니다. "이혜린 선생님! 왜 자신을 모르세요? 저는 선생님같이 독특한 사람을 본 적이 없어요." 당시에는 그 말의 의미를 알지 못했습니다. 하지만 시간

그래, 난 노란 튤립 첼리스트야!

이 지나고 보니 정말 저같이 살아온 사람이 흔치 않다는 것을 깨달았습니다.

지금의 저는 제가 그동안 남들과는 다른 생각, 다른 꿈, 다른 방식으로 살아온 것을 '나만의 인생'을 만드는 일이었다는 것으로 받아들였습니다. 저는 노란색 튤립인데, 빨간색 튤립이 아니라며 절망하고 한숨짓고 스스로를 무능한 실패자라 여겨 어디로든 도망치려고 했습니다.

세상에는 빨간 튤립만 있어야 한다는 규칙 따윈 없습니다. 노란 튤립도, 파란 튤립도, 분홍 튤립, 심지어 얼룩무늬 튤립도 모두 자신만의 아름다움으로 이 세상을 더욱 다채롭게 만듭니다. 여러분 각자의 '다름'은 결코 틀린 것이 아닙니다. '다름'을 '다름'으로 받아들이고 나아가 '다름'을 '다룸'으로 전환한다면 여러분만의 독특한 인생을 만들 수 있습니다. 왜냐하면 대개 음악은 금수저라야 할 수 있다는 게 빨간 튤립의 생각인데, 저는 흙수저 중의 흙수저인 노란 튤립 첼리스트이기 때문입니다.

이 책을 통해, 여러분이 자신만의 색깔을 발견하고, 교실에서, 가정에서, 사회에서 그 색깔을 당당히 드러내는 용기를 얻기 바랍니다.

자 그럼! 노란 튤립 첼리스트의 이야기를 시작합니다.

목차

제1장

내 인생 도대체 왜 이래?

나의 청소년 시절은 정말 엉망이었다. 괜찮은 게 하나도 없었다. 내가 괜찮지 않아도 괜찮다는 사실을 받아들이기까지는 아주 오랜 시간 이 걸렸다. 그것은 내가 청소년기엔 괜찮지 않은 게 지극히 당연하다 는 것을 깨달으면서 가능했다. 학창시절은 인생 준비 기간이지 완성 시기가 아니다. 즉, 무대에서 완벽한 공연을 보이는 때가 아니라 연습 할 때일 뿐이다.

첼리스트와 사는 내 가족은 늘 아름다운 선율을 들으며 사니 얼마나 행복할까? 그 반대다. 내가 새로운 곡을 연습할 때의 소리는 가족에 게 소음 그 자체다. 청소년기란 그런 연습 시기라 당연히 삐걱거리는 소리를 내는 게 정상이다. 무대에 오르는 수많은 연주자도 배우는 과 정에선 소음 유발자였다.

공부 못하는 거 숨기려고
첼로를 잡았다고?

중학교 2학년, 그러니까 내가 15살이 되던 해에 어릴 때 잠깐 만져 보았던 첼로를 다시 시작했다. 내가 첼로를 잡은 것은 음악을 사랑해서이거나 태생적 천재이거나 집안 배경이 예술적이고 돈이 많아서가 아니었다. 지금 생각해 보면 참 씁쓸한 이유였다. 첼로라는 악기가 그냥 간지가 나서, 들고 다니는 게 너무 멋있어 보여서다. 피아노는 크고 무거워 들고 다닐 수 없고, 바이올린은 너무 날카로워 애초에 별로였고 플루트 같은 악기는 분리해서 가방에 넣으면 너무 작아서 보이지가 않으니 내가 무슨 악기를 다루는지 사람들에게 입증해 보일 수가 없었다. 하지만 첼로는 달랐다. 케이스만으로도 시선을 빼앗았다. 그런 시선을 느낄 때면 괜히 우쭐댈 수 있어 좋았다.

공부로는 내 괜찮음을 입증할 수 없었다. 내가 첼로를 선택했던 결정적인 이유는 공부 못하는 내 모습을 감추기 위함이었다. 공부로 우쭐대기는 애초에 불가능한 것을 알았기에 어떻든 나는 뭔가 '뽀대'가 나는 것이 필요했다. 인문계 고등학교 갈 성적이 안 되니 특성화 고등학교라도 가야 했는데 그래도 어떻게든 인문계 고등학교는 가고 싶었다. 성적이 아니면 특기로 들어가야 했는데 중학교 2학년 때 시작한 첼로 실력으로는 예술고등학교 진학은 불가능했다. 부족한 실력을 위장하기 위해선 무작정 어려운 곡을 해야 했으니 첼로가 좋아서, 첼로 아니면 안 되겠다는 마음으로 시작한 게 아니었다. 돌이켜보면 그저 뭔가 조금은 특별하고 싶은 욕망, 첼로라면 그것을 실현시켜 주리라는 막연한 기대였을 뿐이었다.

중학교 2학년 때 콩쿠르 장면

그 당시 나는 나 자신이 뭐 하나 잘하는 게 없는 아이라고 생각했다. 늘 아무것도 못 한다는 말을 입에 달고 살았다. 또 남들이 어쩌다 "넌, 왜 이것밖에 못 해?"라고 하면 그 말을 가슴에 품고 생각하고 또 생각했다. 태어날 때부터 기독교 신앙을 가진 사람을 모태신앙이라고 하는데, 나는 모태신앙이면서 "못해 신앙"을 가졌었다. 그래서 기도를 하면서도 입으로는 늘 "못해"를 말했다. 그런 나였으니 첼로를 다시 해보겠다는 내 말에 엄마는 콧방귀를 끼면서 이렇게 말했다. "네가 제대로 할 수 있을까? 곧 때려치우지 않을까? 너는 피아노도 때려치웠지, 바이올린도 때려치웠지, 첼로라고 뭐 다를까?" 그런 말을 들을 때면 화가 나서 오기를 작동시키거나 독기를 품었을 법도 한데, 엄마의 말을 바로 수용해 버렸다. '못해 신앙' 신자답게 엄마의 말을 바로 "아멘!" 하고 받았다. 그러면서 스스로를 끈기가 없는 사람이라고 단정지었다.

공부는 늘 시원찮았다. 공부를 안 하는 학생은 아니었지만 그렇다고 잘하지는 못했다. 지금 생각해 보면 공부하는 방법을 잘 몰랐던 것 같다. 그 부분에서 난 피해자였다는 것을 나중에야 깨닫게 되었다(이 부분은 뒤에서 말할 것이다). 시험 전날까지 독서실에 가서 열심히 공부하긴 했지만, 성적표를 받아보면 늘 바닥이었다. 45명 중 40등이었다. 나는 자책할 수밖에 없었다. "넌 도대체 뭐 하나 제대로 하는 거 있어? 공부도 안 돼, 악기도 안 돼, 그러니 너 같은 건 앞으로도 아무것도 못 할 거야." 그리고 친구들도 직접 대놓고 말하진 않았지만 다들 나를 향해 이렇게 말하고 있는 것 같았다. '너같이 공부 못하는 애는 학교에서 아무 말도 하지 마!', '매점도 가지 마!', '너 같은 찌질이는 모둠 활동도 하지 마!', '공부도 못하는 넌 뭘 할 자격 자체가 없어!'

실제로 누구도 그런 말을 직접 하진 않았지만 이런 말들을 늘 마음에 담아두면서 수시로 되뇌었다. 그러니 좋은 고등학교에 갈 자신도 없고, 좋은 대학교는 더더욱 그랬다. '이러다가 나

중에 진짜 제대로 된 직업도 못 갖고, 결혼도 못 하고 사람답게 못 사는 거 아냐?'라는 생각이 들면 미래가 불안해지고 앞이 캄캄했다. 그 불안을 잠재울 방편으로 어릴 때 잠깐 배웠던 첼로를 다시 시작하고 싶어 엄마를 졸랐다. 실력이 느는 것보다 첼로를 들고 다닐 때 받는 남들의 시선이 더 좋았다. 첼로의 뽀대 덕분에 그나마 내 존재감을 인정받은 것 같았다. 나의 첼로 여정은 그렇게 시작되었다.

게다가 나는 왼손잡이라는 핸디캡을 가지고 있었다. 나의 어린 시절에 왼손잡이는 거의 장애로 분류되었기에 어디서든 환영받지 못하는 존재였다. 주변 사람들은 그런 나를 고치려고 덤벼들었다. 그것이 한국 문화였다. 내가 왼손잡이인 것을 본 선생님들은 어떻게든 오른손잡이로 바꾸려 했다. "왼손으로 글씨를 쓰면 안 돼. 오른손으로 바꿔야 해.", "너 그렇게 하면 사회에 나가서 인정받을 수 없어.", "야! 이혜린, 너 글씨 좀 똑바로 쓸 수 없어?", "너 오른손을 영어로 뭐라고 하는 줄 알아? right hand야. 한국말로 바른 손이야. 그러니까 오른손이 바른 손이고 왼손은 틀린 손이야." 내가 아무리 왼손잡이가 아닌 척해도 계속 눈에 띄는 모양이었다. 그러다 보니 나도 모르게 왼손잡이를 오른손으로 바꿔야 한다는 강박까지 생겼고 다른 사람들 보기가 불편해졌다. 그런 것들이 나를 '특이한 아이', '이상한 아이', '뭔가 문제가 있는 아이'로 느끼게 하였다. 그렇게 나는 뭔가 이상한 아이였고 무엇 하나 제대로 하는 게 없는 아이였다. 글씨를 왼손으로 쓰고, 공부도 못하고, 피아노도 바이올린도 다 때려치운 틀려먹은 아이였다. 아무것도 할 수 없는 존재, 동시에 어떤 존재도 아니었다.

때마침 선교사로 나가 있던 외삼촌이 자기가 있는 나라에 와서 공부할 생각이 없냐고 물었고, 그 말은 동시에 더 이상 한국에서 학교를 다니지 않아도 된다는 뜻이기에 나는 일말의 주저함도 없었다. 그때 나는 예고에 지원한 상태였는데, 합격하더라도 한국에서 학교를 계속 다녀야 한다는 사실이 너무 두려웠다. 나는 결국 유학이라는 도피처를 선택했다. 정말 세계 최고의 음악 환경에서 뭔가를 제대로 배우겠다는 열망이 아니라 그저 이런 환경에서 벗어나려는 도피성 유학이었다.

고맙게도, 유학 간 나라에선 왼손잡이에 대한 편견이 없었다. 누구 하나 뭐라는 사람이 없었다. 첼로를 제대로 배우다 보니 왼손잡이는 엄청난 강점이었다. 하나님이 준 특권이었다. 첼로는 오른손으로 활을 켜고 왼손으로 지판을 눌러 소리 내는 악기다. 정확한 운지를 위해선 손가락 움직임이 자유자재여야 하고 동시에 힘이 있어야 한다. 특히 포르테를 표현하려면 악기의 소리를 떨리게 하는 비브라토(vibrato)를 필요로 하는데 왼손 손가락을 힘 있고 섬세하게 움직여야 했다. 왼손잡이는 그런 면에서 우위를 점령할 수 있었다. 유학 중 첼로를 배우는 과정에선 왼손잡이를 감출 필요가 없었다. 오히려 남들의 부러움을 살만한 특권이었다.

사실, 그런 부분에서 나는 사회가 만들어 놓은 편견의 희생자였다. 문제가 되지 않는 것을 문제라고 여긴 것 때문에 애꿎은 피해자가 되었다. 다른 나라에 가니 문제가 아니라 도리어 강점이요, 남들의 부러움을 사는 조건이라니.... 나는 유학을 가서 처음으로 더 이상 '미운 오리 새끼'가 아니라 '화려한 백조'라는 것을 깨달았다.

그러니 선생님이나 부모님, 주변 사람들이 뭐라고 하는 것을 곧이곧대로 받아들이지 마라. 그것은 너를 보는 그들의 시선과 의견일 뿐이지 진리가 아니다. 그들은 노란 튤립인 나를 빨간 튤립으로 만들려고 했다. 그들은 다른 색깔의 튤립인 너희도 죄다 빨간색으로 만들려고 한다. 그렇지만 나는 처음부터 노란 튤립이었고 너는 너만의 색깔을 가진 튤립이니 그 자체만으로도 소중하고 특별하다. 어떤 튤립이든 빨간색 튤립이 되어야 하는 이유는 없다.

세상은 내가 조금만 달라도 온갖 빨간 딱지를 붙여댄다. 좀 산만하다 싶으면 ADHD라 하고, 말투가 거칠면 불량청소년이라 하고, 초등학교 입학했는데 한글을 못 읽으면 지진아라고 하고, 호기심을 작동시키면 쓸데없는 짓을 한다고 딱지를 붙인다. 그러나 나의 왼손잡이가 강점이 된 것처럼 산만하다는 것도 생

그래, 난 노란 튤립 첼리스트야!

각하기 나름이다. 산만하다는 말을 다르게 쓰면 산(山) 만하다는 말이다. 활동량이 너무 많아서 즉, 하고 싶은 일이 많고 활동량이 산처럼 많아서 마치 주의집중을 못 하고 과잉행동을 하는 것처럼 보일 뿐이다. 어릴 때 산만하다는 소리를 들은 사람이 어른이 되면 남들보다 더 많은 일을 한꺼번에 해낼 수 있다. 현대사회에선 만능 엔터테이너라고 추앙받는다.

태어날 때부터 호기심이 많은 아이는 산만하게 보일 수밖에 없다. 그런 아이에게 ADHD라는 빨간딱지를 붙인 후 치료한답시고 약을 먹여 무력하게 만든다. 조기교육을 한다며 한글과 영어까지 가르쳐 일찌감치 학습피로증후군에 걸리게 한다. 그것 때문에 학습에 대한 의욕을 잃게 만든다. 왜냐하면 조기교육은 아이들의 호기심과 자발성을 잃게 만들기 때문이다. 이에 교육학자들은 조기교육보다 적기 교육을 권장한다. 그런 면에서 이 땅의 많은 학생은 빨간 튤립만을 튤립이라고 말하는 사람들에 의한 피해자다.

이 질문을 통해 당신의 삶을 되돌아보고
그 기억과 생각을 바탕으로 답할 때 그 모든 답이
당신 인생의 글감과 미래에 쓰일 당신의 책으로 연결되었으면 좋겠습니다.

✤ 나를 치유하는 질문

1. 다른 사람은 뭐라고 하지 않는데 내가 나를 단정 지은 말은 무엇인가?

----

2. 나의 숨기고픈 약점인데 도리어 나만의 강점인 것은 무엇일까?

✤ 내 인생의 킥

"남이 정의한 '안 돼'의 경계 너머에, 네가 '할 수 있는' 무한한 가능
성이 있다. 실패에서 도망치지 말고, 그 경험이 주는 배움을 받아들
여라."

내가 나에게
해주고 싶은 말

_____

나 같은 게
차이코프스키 후배라고?

나는 세계적인 음악가 차이코프스키의 공식 후배다. 그가 공부했던 러시아 국립 상트페테르부르크 림스키 코르사코프 음악원(Санкт-Петербургскаягосударственная консерватория имени Н. А.Римского-Корсакова)에서 8년 동안 공부했다. 예비 학부 과정 없이 바로 1학년으로 입학해 석사과정을 마치고 박사학위까지 취득해 27세의 젊은 나이에 연주학 박사가 되었다. 그런 화려한 배경을 가졌음에도 나는 여전히 자기 비하의 늪에서 헤어나지 못하고 있었다.

러시아에서는 클래식 공연을 볼 기회가 많다. 클래식 음악이 활성화된 곳이라 도시 곳곳에서 다양한 공연이 열린다. 하지만 공연을 볼 때마다 난 내가 좀 이상했다. 첼로 연주자이니 당연히 음악에 집중하고 연주의 흐름을 느껴야 했다. 그러나 나의 시선은 늘 다른 곳으로 향했다. 무대가 왜 이렇게 생겼지? 무대를 왜 이렇게 만들었을까? 입장하고 퇴장하는 연주자의 걸음걸이는 왜 저럴까? 조명 색깔은 어디서 어떻게 나오는 거지? 연주

전후에 퍼포먼스를 달리했다면 더 멋지지 않았을까? 그런 생각이 꼬리를 물면 잡다한 생각이나 하고 있다고 스스로를 비난했고 연주에 집중하지 못하는 것은 연주자로서 기본 자격을 갖추지 못한 것이라고까지 여겼다.

차이코프스키 동상 앞에서

어쨌든 그들의 연주 수준은 정말 탁월했다. 그래서 공연을 보고 나오면 상대적 박탈감과 좌절감과 함께 자기 비하가 엄청나게 밀려왔다. '나는 저런 무대에 설 자신이 없어, 나는 저렇게 못 할 거야.'라는 생각이 계속 들었고 자신감이 점점 떨어졌다. 차이코프스키를 배출한 명문 학교에서 공부한다는 내가 음악을 제대로 듣지도 못하는 사람이란 생각에 차마 차이코프스키의 후배라고 말하기가 부끄러웠고 연주에 대한 압박감을 더 크게 느꼈다. 그래서 나는 늘 이렇게 중얼거리곤 했다. 차이코프스키 후배는 개뿔!

엄청난 자괴감에 시달리던 어느 날, 용기를 내어 선배에게 마음을 털어놓았다.

"나 같은 건 연주할 자격이 없는 것 같아요. 다른 사람의 연주를 들을 때면 연주에 집중 못 하고 무대장치나 배경, 연주자의 걸음걸이와 표정 같은 것이 왜 자꾸 눈에 들어오는지 모르겠어요. 졸업 작품은 한 시간 동안이나 연주해야 하는 대장정인데 해낼 자신이 없어요. 이러다 졸업이나 할 수 있을지 모르겠어요."

나는 선배로부터 어쭙잖은 위로라도 받고 싶었다. 그러나 선배의 반응은 완전히 달랐다.

"오호! 이거 완전 기획자 아냐?"

선배는 무릎을 치며 말했다.

"기획자는 연주만 보는 게 아니라 작품이 만들어지기까지의 모든 무대 위와 무대 아래 상황을 바라보는 사람이야. 너는 타고난 기획자인 거지. 연주자에 기획자라니 이거 대박인걸?"

이 말은 나에게 신선한 충격으로 다가왔다. 뭔가 머릿속에 전구가 하나 켜지는 느낌이었다. '기획자가 뭐지? 뭐 하는 사람이지? 너무 멋있는데! 그렇다면 나는 첼로라는 악기를 가지고 무엇을 기획할 수 있을까?' 내가 아는 기획자란 방송이나 연예계의 엔터테인먼트 회사에서 일하는 사람이었다. 그런데, 내가 기획자라니? 내가 무대를 만든다는 생각을 하니 맘이 설렜다. 기획을 배운 적은 없지만, 그런 사람이 된다면 정말 멋질 것 같다는 생각이 나의 마음을 채우기 시작했다.

선배는 제안했다.

그래, 난 노란 툴립 첼리스트야!

"기획자의 마음으로 너만의 무대를 꾸민 졸업 연주를 해 봐. 꼭 교수님이 원하는 대로 무대를 만들지 않아도 돼. 너는 네 연주에 뭘 넣고 싶어?"

나는 대답했다.

"내가 하는 연주가 한 편의 동화 같았으면 좋겠어요. 재미있는 이야기 말예요."

"그래! 바로 그거야. 그럼, 너만의 이야기를 엘가 콘체르트 곡에 넣어 봐. 또 너만의 이야기를 바흐 무반주 조곡에 넣어 봐."

그 말을 들은 나는 깊이 골몰했다. 바흐라면 무슨 이야기를 할까? 바흐 무반주 조곡에서는 어떻게 춤을 출까? 춤을 누구랑 출까? 나를 다르게 바라보는 나의 또 다른 인생과 함께 춤을 춰 볼까? 그러다 보면 발을 밟는 순간도, 춤이 삐걱거리는 순간도 있겠지? 어디는 구슬프게 추는 춤도, 어디는 신나게 추는 춤도 있겠지?

선배의 조언대로 스토리를 음악에 집어넣기 시작하자 신기한 일이 벌어졌다. 외워지지 않던 악보가 외워지기 시작한 것이다. 또한 성경의 〈다윗과 골리앗 이야기〉를 생상의 '알레그로 아파시오나토'라는 곡에 넣기 시작했다. 다윗이 골리앗을 보면서 의분에 떠는 모습, 골리앗이 다윗을 비웃는 모습, 다윗이 물매를 돌리면서 골리앗에게 달려가는 장면, 마침내 골리앗이 돌에 맞아 쓰러지는 장면, 그리고 쓰러진 골리앗을 골리앗이 차고 있던 칼로 목을 베는 장면, 그 장면을 보고 환호하는 이스라엘 군대의 모습, 자기 용사의 죽음을 보고 혼비백산 도망가는 블레셋 군대의 모습... 그 모든 장면과 감정을 음악에 담았다. 이렇게 하자 음악의 생동감이 넘쳐났고 연주하는 내가 신이 났다. 그렇게 나는 무사히 졸업 연주를 마칠 수 있었다.

선배의 조언은 나에게 결정적인 변화의 계기를 만들어주었다. 자기 비하와 자기 불신으로 가득 찼던 나는 나만의 강점을 발견했다. 호기심이 많았던 나는 사회적 기준과 틀에 맞지 않는다고 생각했지만, 오히려 그것이 나의 특별함이었다. 그 이후로 나는 모두의 기준이 아니라 진짜 내가 하고 싶은 것을 하게 되었다. 내 마음의 소리를 듣고 가슴이 설레는 일을 하다 보니 멋진 작품이 만들어졌다. 드디어 나는 나만의 강점, 남들과 다른 특별함을 발견했다.

이 질문을 통해 당신의 삶을 되돌아보고
그 기억과 생각을 바탕으로 답할 때 그 모든 답이
당신 인생의 글감과 미래에 쓰일 당신의 책으로 연결되었으면 좋겠습니다.

✤ 나를 치유하는 질문

1. 나는 다른 사람의 기준에 맞추려고 나의 진짜 관심사나 특기를 애써 무시
한 적이 있는가?

---

2. 나는 무엇을 할 때 시간 가는 줄 모르는가? 어떻게 그것을 발전시킬 수
있을까?

✤ 내 인생의 킥

"남들과 다르다고 잘못된 것이 아니다. 그 다름이 바로 너의 특별함
이다. 가슴이 설레는 일을 찾아 그곳에 너의 이야기를 담아보라."

내가 나에게
해주고 싶은 말

그래, 난 노란 튤립 첼리스트야!

예고(藝高) 탈락,
예고(豫告)된 탈락?

내가 고등학교 입시에서 떨어진 사람이었다는 부끄러운 이야기를 하기까지 30년이 걸렸다. 35살이 되어서야 비로소 그 부끄러운 기억을 꺼낼 용기가 생겼다. 그것도 어쩌면 그때의 실패가 내 삶을 완전히 바꿔놓았는지도 모른다는 생각이 들었기에 가능했다.

나는 공부를 잘하지 못했다. 그래서 첼로를 시작했다. 솔직히 말하면 첼로는 공부 못하는 것을 위장하는 수단이었다. 첼로가 좋아서 시작한 것이 아니니 온 마음을 다해 연습하지도 않았다. 그것도 고작 1년 배운 상태였다. 어쨌든 입시를 준비해야 하는 압박감에 연습을 시작하긴 했다. 악보를 어떻게 읽는지도 제대로 모르는 상태에서 예술고등학교 입시를 준비한다는 것은 정말 무모한 일이었다. 악보를 읽어내는 것도 어려웠고, 암기하는 건 더 어려웠고, 곡을 표현하기란 더더욱 어려웠다.

첼로를 들고 서울까지 오가며 레슨을 받았다. 실기 시험 날, 내 마음속에는 여전히 '실력이 안 되는 내가 예고에 붙기나 할까?'라는 의구심이 가득했다. 실기 시험은 보통 곡의 시작부터 중간까지만 연주하는 게 일반적인데, 그날따라 심사위원이 갑자기 "그만하시고요, 마지막 부분을 해 보세요."라고 말했다. 마지막 부분까지 제대로 배우지도 않은 상태였다. 당황스러움에 어떻게 연주했는지 기억도 나지 않는다. 분명 연주 중간에 멈췄을 것이고 삑사리가 났을 것이다.

시험이 끝나자마자 나는 쏟아지는 눈물을 멈출 수 없었다.

"나같이 한심한 것이 어떻게 예고에 붙겠어?"

엄마가 밥을 사주러 식당으로 데려갔지만 한술도 넘길 수 없었다.

'나는 이미 고등학교부터 떨어졌어. 어느 학교가 나를 받아줄지 모르겠어.'

그 좌절감과 창피함으로 사람들 앞에 어떻게 서야 할지 모르겠다는 생각이 들었다. 그때의 나는 세상에서 가장 불행한 사람이라고 여겨졌다. 그때 당시 고등학교 입시에서 떨어진다는 것은 인생 실패자를 의미했다. 재수해야 하는지, 실업계 고등학교라도 가야 하는지를 고민해야 했다. 실업계 고등학교에 간다는 것은 진학 실패자의 마지막 대책으로 비쳐 다른 사람들의 비웃음을 사는 일이었다. 예고 진학 실패는 너무나 수치스러워 오랫동안 누구에게도 털어놓지 못했다.

지금은 실업계 고등학교로의 선택이 지혜로운 처사로 여겨지지만 그때만 해도 능력 부족으로 인식되었기에 재수나 실업계 고등학교를 진학하는 것은 죽기보다 싫었죠. 그 대안으로 나는 유학을 선택했다. 유학을 갈 수 있었던 것은 카자흐스탄의 알마티에 선교사로 나가 있는 외삼촌 덕분이었다. 구소련의 지배하에 있던 나라들은 러시아어를 공용 언어로 쓰고 있었고, 외삼촌 집에서 러시아어와 음악 공부를 어느 정도 하면 러시아로 갈 수 있었다. 나의 유학은 여느 금수저들처럼 부모의 넉넉한 지원을 받으며 더 나은 교육을 받기 위한 것이 아니었다. 유학은 나를 바라보는 시선들로부터 도망할 수 있고 또 공부한다는 명분을 얻는 방편이었지만 명백한 회피요 도망이었다. 이것이 유학을 결정하고 유학하고 있을 때도 늘 부끄러웠던 이유였다. 그 부끄러움을 숨기려고 유학을 선택하긴 했지만, 그 길은 결코 쉽고 편하지 않았다.

음악학교 졸업사진(필자 두 번째 줄 왼쪽 첫번째)

나에게 유학은…

총알 피하려다 대포알에 맞았고,

쓰레기차 피하려다 똥차에 받쳤고,

바나나 껍질 피하려다 개똥에 미끄러졌고,

도둑을 피하려다 강도 만난 사건이었다.

언어 능력의 부족으로 오는 소통의 부재, 현지 친구들의 무리
에 끼지 못해 왕따가 된 현실, 날고 기는 실력자들 앞에서 기가
죽는 일, 첼로 연주자가 활을 놓치는 실수를 연거푸 해 망신살
을 제대로 뻗쳤던 일, 절망의 끝에서 첼로를 내동댕이치고 차도
에 뛰어들어 자살을 시도했던 일 등은 나에겐 흑역사였다. 세월
이 흐르고 보니 그것들이 심리적 맷집을 강하게 만들었다는 것
을 알게 되었다. 비록 예고 탈락이 예고된 것이었지만 시간이
흐른 후에야 깨달았다. 예고 입학 실패가 나를 더 단단히 만든
일의 첫 출발이었다는 것을 말이다. 마치 내 왼손가락에 박인
굳은살처럼 말이다.

현악기를 연주하려면 왼손가락으로 현을 눌러야 한다. 첼로
는 크기가 크고 현이 굵다. 그 굵은 현을 계속해서 누르다 보면
손가락 끝이 아프다. 그래도 계속 눌러야 한다. 그러면 물집이
생기고, 그 물집에서 진물과 피까지 나올 때가 있다. 그런 아픔
을 수십 번, 수백 번 겪고 나면 손가락 끝엔 굳은살이 단단히
박인다. 그때부터는 아무리 현을 세게 눌러도, 아무리 오래 연

그래, 난 노란 튤립 첼리스트야!

주를 해도 더 이상 피가 나지 않거니와 통증도 없다.

어른이 되면 실수와 실패의 빈도가 더 많고 강도가 더 세다. 그것을 버텨내려면 심리적 맷집이 강해야 한다. 심리적 맷집은 수많은 실패와 좌절, 역경을 헤쳐 나오는 동안 마음의 굳은살이 박여야 한다. 그러니 어릴 때 크고 작은 실수와 실패를 많이 경험하는 것이 좋다. 입시에도 떨어지고, 뭘 제대로 하지 못해 욕도 먹고, 남들의 인정과 칭찬을 받지 못하는 시간이 있어도 괜찮다. 우직하게 버티고 살아있어야 한다. 그 상황에서 죽지 않고 살아있기만 해도 그것은 아주 위대한 일이다. 결국 끝까지 살아남은 사람이 위대한 사람이요 최종 승자가 된다.

나는 흙수저 첼리스트다. 어느 금수저 첼리스트와 다른 모양새다. 예고에 떨어진 실패 '때문에' 오랜 세월 동안 부끄러웠다. 그런데 그 실패 '덕분에' 유학이란 도피처를 택할 수 있었고 그것은 결국 내 인생의 돌파구였다. 오히려 예고에 합격해서 첼로를 계속했다면 지금의 나는 될 수 없었을지도 모른다. 그만큼의 심리적 맷집을 갖진 못했을 것이니까.

"실패는 더 똑똑하게 다시 시작할 수 있는 기회다."

미국 포드 자동차의 설립자 헨리 포드(Henry Ford)의 말이다. 또한 유대인 부모는 자녀에게 이렇게 말한다.

"실패가 문제가 아니라 실패로부터 아무것도 배우지 못하는 것이 문제다."

이 질문을 통해 당신의 삶을 되돌아보고
그 기억과 생각을 바탕으로 답할 때 그 모든 답이
당신 인생의 글감과 미래에 쓰일 당신의 책으로 연결되었으면 좋겠습니다.

✤ 나를 치유하는 질문

1. 나는 어떤 실패 경험을 가지고 있는가? 그 실패에서 무엇을 배웠는가?

----

2. 나의 실패가 '도피처'가 아니라 '돌파구'가 된다면?

----

3. 실패의 두려움을 딛고 시도한 것은 무엇인가?

✤ 내 인생의 킥

"실패는 성공의 어머니가 아니라, 성공의 DNA다. 실패 없는 성공은
없으며, 실패를 두려워하는 사람은 성공도 두려워하는 것이다."

그래, 난 노란 툴립 첼리스트야!

내가 나에게
해주고 싶은 말

내 점수를
나보고 매기라고?

내가 유학 중 러시아 음악학교에서 첼로 연주 시험을 마치고 난 후였다. 교수님이 뜻밖의 질문을 던졌다.

"너 몇 점 받고 싶어?"

당황스러웠다. 러시아의 성적 체계는 1점이 최하점, 5점이 최상점이었다. 솔직히 내 연주는 형편없었고, 객관적으로는 3점 정도가 적당하다고 생각했다. 하지만 교수님의 직접적인 질문에 머리가 복잡해졌다. 5점을 부르자니 너무 뻔뻔했고, 3점을 부르자니 아까웠다.

"4점이요."

"좋아."

교수님은 별다른 말씀 없이 4점을 주셨다. 성적표를 받아 들고 나오는 순간, 이상한 감정이 밀려왔다. 기분이 나빴다.

'왜 내가 부른 대로 주시는 거지? 날 무시하는 건가? 진지하게 평가해 주지 않는 건가?'

다음 시험 때도 똑같은 상황이 벌어졌다. 이번에는 마음을 단

그래, 난 노란 튤립 첼리스트야!

단히 먹고 말했다.

"5점이요."

내 연주 실력은 여전히 3점 이하라고 생각했지만, 얼굴이 화끈거리는 걸 무릅쓰고 5점을 불렀다. 교수님은 여전히 아무 말씀 없이 5점을 주셨다. 하지만 5점짜리 성적표를 받고 나왔을 때 기뻐해야 할 내 마음은 오히려 더 무거워졌다.

'왜 내가 제대로 해내지도 못했는데 5점을 주는 거지? 날 동양인이라서 무시하는 건가? 내가 첼로 연주자로서 자격이 없다고 생각해서 그냥 넘어가는 건가?'

평소 같으면 최고점을 받았다고 엄마에게 자랑 전화를 했을 텐데, 그날은 하루 종일 아무것도 먹지 않고 우울하게 보냈다. 그 점수가 내게는 큰 상처로 다가왔다.

시간이 흘러 나중에야 교수님이 왜 그렇게 점수를 주셨는지 알게 되었다. 교수님은 내가 스스로의 가치를 얼마로 평가하는지 알고 싶었던 것이다.

실기 시험 장면

"네가 스스로 얼마만큼 했는가를 아는지 알려주고 싶었어. 그리고 너는 결국 나중에 결혼하고 아이까지 낳으면 첼로 그만둘 생각도 있잖니? 그런 너에게 좋은 점수 주는 것은 어렵지 않아. 나중에 첼리스트로서의 길을 가느냐 안 가느냐는 네가 정하는 문제지. 나는 네가 진짜 원하는 게 무엇인지 알고 싶었던 거야. 네가 진짜 원하는 게 이 점수니?"

교수님은 세 번이나 같은 방식으로 내게 질문하셨지만, 나는 끝까지 그 의도를 파악하지 못한 채 졸업했다.

"안 돼. 악보를 네 멋대로 바꾸지 마. 모든 건 다 너 스스로 결정할 수 없어. 다 내가 하라는 대로 해. 손가락 번호 하나도 네 멋대로 바꾸지 마."

처음에는 교수님이 이렇게 말씀하셨을 때 너무 화가 났고 힘들었다. 러시아 학생들은 키가 컸고 손가락이 길어 첼로를 자유롭게 다룰 수 있었지만 나는 그렇지 못했다. 거기서 오는 좌절감이 있었는데, 그럴 때마다 교수님께 은근슬쩍 반항하면 교수님은 자존심을 뭉개버리는 말을 하곤 했다.

"너같이 손가락이 짧은 애는 가서 비올라 같은 작은 악기나 해."

러시아의 교육 방식은 특별했다. 교수님들은 시험이나 공연을 마치고 나오면 "너무너무 잘했다."고 칭찬해 주시면서 볼에 키스까지 해주며 그날의 공연을 최고인 것처럼 상세하게 말씀해 주셨다. 그래서 '내가 생각한 것이랑 다른 무대였구나, 내가 듣는 귀가 없는 것이구나!'라고 생각하며 공연 마친 날을 최고로 행복하게 보냈다. 그런데 다음 날 수업에 들어가니 어제 날 칭찬해 주시던 그 교수님이 돌변했다.

"네가 어제 어떤 연주를 어떻게 했는지 내가 다 얘기해 볼까?"

예리한 지적이 시작된다. 조목조목 꼬집으며 내 부족함을 짚어 이야기하는데 눈물이 날 정도로 처절하게 비판하셨다. 어찌 당황하지 않겠는가?

러시아의 교육은 종종 이렇게 묻는다.

"네가 무엇을 잘했는지 얘기해 볼래?"

그러나 한국의 교육은 종종 이렇게 묻는다.

"네가 무엇을 잘못했는지를 말해 볼래?"

한국에서 이런 질문을 주로 받았던 나로서는 내가 잘한 점을 찾는 것이 무척 어려웠다. 잘못한 점은 쉽게 찾을 수 있었지만, 잘한 점을 찾으려면 아무것도 떠오르지 않았다. 그리고 그것 때문에 많은 무시를 당했다. 러시아의 교수들은 내가 어떤 결과를 내더라도 잘한 것을 먼저 드러내 주셨다. 그 후 고쳐야 할 부분에 대해 기회를 주고 그래도 그 기회를 잘해 내지 못했을 때 가차 없이 틀렸다고 이야기해 준다. 일종의 샌드위치 기법 (Sandwich Technique)이었다. 피드백이나 교정을 할 때, 긍정적 피드백(칭찬)을 먼저 하고 부정적 피드백(지적), 또다시 긍정적 피드백(격려)을 하는 방식이었다. 데일 카네기(Dale Carnegie)의 『인간관계론(How to Win Friends and Influence People)』에서도 비판하기 전에 칭찬으로 시작하라고 권하는데, 러시아 교수들은 나에게 그렇게 했던 것이다. 우리 문화에서는 자기 칭찬을 하면 교만하다고 생각했지만, 러시아에서는 달랐다. 교수님이 "네가 몇 점을 받길 원해?"라고 물으신 것은 "네가 무엇을 잘했고 무엇을 못했는지 스스로 판단해 봐."라는 의미였다. 하지만 나는 그것을 이해하지 못하고 무시당하는 것으로 해석했다.

이 경험을 통해 깨닫게 된 것은, 자신을 평가할 때 부족한 점만 보는 것이 아니라 잘한 점도 함께 보아야 한다는 것이다. 아니, 오히려 잘한 점을 먼저 본 후에 부족한 부분을 보아야 한다는 것이었다. 내 인생에 몇 점을 주고 싶은지 물었을 때, 마이너스 요소만 따지지 말고 내가 가진 강점, 잘한 점, 좋은 점들을 먼저 생각한 후 점수를 매겨야 한다. 그렇게 하면 같은 점수라도 나의 마음가짐과 자세가 달라진다. 무슨 일을 하든 자기 인정이 우선되어야 한다. 안타깝게도 많은 사람은 자신을 인정하기보다 폄하하는 쪽을 택한다. 교수님의 의도는 내가 성장하길 바라는 마음이었지만, 낮은 자존감의 나는 그것을 오해했으니, 그것을 지켜보는 교수님은 속으로 얼마나 안타까워하셨을까?

이 질문을 통해 당신의 삶을 되돌아보고
그 기억과 생각을 바탕으로 답할 때 그 모든 답이
당신 인생의 글감과 미래에 쓰일 당신의 책으로 연결되었으면 좋겠습니다.

✤ 나를 치유하는 질문

1. 내가 장점과 단점을 찾는다면 어느 쪽이 더 쉬운가? 왜 그럴까?

....

....

....

2. 내 인생에 지금 몇 점을 주고 싶은가? 그 이유는 무엇인가?

....

....

....

3. 나의 장점(강점)을 내 나이만큼 적어보자.

....

....

....

✤ 내 인생의 킥

"자신의 가치를 알기 전까지는 진정한 성장이 시작될 수 없다. 네 인생에 몇 점을 주고 싶은지 묻기 전에 네가 얼마나 특별한 존재인지 먼저 깨달아라."

내가 나에게
해주고 싶은 말
_____

그래, 난 노란 튤립 첼리스트야!

한국 담배
아니면 안 핀다고?

　16살, 무작정 카자흐스탄으로 유학을 떠났던 그때를 생각하면 아직도 웃음이 나온다. 그곳은 구소련의 지배를 받았기에 러시아어를 공용어로 쓰는 곳이었는데, 나는 러시아어를 전혀 모르는 상태였다. 지금 생각해 보면 무모함의 끝판왕이었다. 무식하면 용감하다더니 내가 딱 그 말의 주인공이었다.

　학교에 첫발을 내디뎠을 때, 우리 반에서 나는 외국인으로는 유일한 존재였다. 처음에는 호기심 가득한 친구들이 내 주변으로 모여들었다. 신기한 동양 친구에게 말을 걸고, 함께 시간을 보내주었지만, 그 관심은 오래가지 못했다. 불과 2주 만에 모든 친구가 하나둘 사라지기 시작했다. 내가 러시아어를 못해 의사소통이 불가능한 것이 이유였다. 학교생활에는 수많은 공지 사항, 준비물, 시간표 변동 등 끊임없이 전달되는 정보가 있다. 친구들이 손짓, 발짓으로 설명해도 내가 이해하지 못하니 그들도 지치기 시작했다. 심지어 다음 교실이 어디인지 알려주지 않고 자기들끼리 가버리는 경우도 있었다. 의사소통이 안 된다는 이유로 스포츠 경기에는 나를 아예 제외했고, 함께 하는 팀 활동도 꺼렸다. 친구와 함께 밥을 먹거나, 매점에 가거나, 쉬는 시간에 어울리는 것조차 나에게는 너무나 어려운 일이 되었다. 첼로를 보다 더 잘 연주하는 것이나 학업 성취는 더 이상 내 목표가 아니었다. 오직 하나, 친구를 사귀는 것이 내 최우선 과제가 되었다.

교실에 나 홀로

그런 절박함 속에서 내가 선택할 수밖에 없었던 것은 담배였다. '담배 피우는 친구들 무리에 들어가면 친해질 수 있지 않을까?' 하는 생각이었다. 러시아에서는 당시 미성년자가 담배를 구하는 것이 어렵지 않았다. 가장 저렴한 담배를 사서 연습하기 시작했지만, 값싼 담배일수록 독해서 어지러움에 눈물과 콧물이 쏟아졌다. 결국 담배를 집어던질 수밖에 없었다.

음악학교 친구들과(필자 맨 오른쪽, 가장 아래 '까짜')

선교사로 일하는 외삼촌과 함께 살고 있었기에 담배 피우다 들키면 큰일 날 것이라는 두려움도 있었다. 그런 상황에서 반에서 가장 잘사는 친구 '까쨔'가 어느 날 말보로 담배를 내밀며 러시아어로 "혜린, 너도 피워봐."라고 말했다. 그 순간 이 친구가 나를 시험하는 것 같다는 생각이 들었다. 담배를 받아서 제대로 피우지 못하면 웃음거리가 될 것 같았고, 거절하면 더 이상 친구가 되어주지 않을 것 같았다. 그 짧은 순간에 수많은 생각이 오갔다. 그리고 내 입에서 나온 대답은 의외였다. 러시아어로 "미안한데, 나는 한국 담배 아니면 안 피워."라고 당당하게 말했다. 그리고 이어서 "얘들아, 내가 너희 담배 피는 거 들키지 않도록 망을 봐줄게."라고 제안했다. 학교에서 담배 피우다 걸리면 정학을 당하니 큰 문제였다. 내 역할은 선생님이 오시는 것을 미리 보고 친구들에게 알려주는 것이었다. 하지만 그런 상황에서 나까지 같이 걸릴 위험이 있었기에 친구들과 암호를 만들었다. "튀어!"라는 한국말을 가르쳐주며 아무도 모르는 우리만의 신호를 정했다. 그렇게 해서 담배를 피우지 않고도(사실은 피우지 못했지만) 친구를 사귈 수 있는 기회를 찾은 것이다. 나는 그들에게 필요한 존재가 되었고, 그것이 친구 관계의 시작이 되었다.

살다 보면 수많은 선택의 기로에 서게 된다. 원하는 것을 얻기 위해 좋지 않은 선택을 하려는 유혹도 많이 있다. 하지만 조금만 더 생각하면 더 지혜로운 선택을 하는 순간이 온다.

'이것이 나에게 옳은가?'

'더 좋은 방법은 없을까?'

무슨 일을 결정할 때는 무작정 결정하기보다는 한 번이라도 더 생각해 보는 것이 현명하다. 성급한 선택이 문제아 취급을 받게 하거나 지우고 싶은 흑역사가 되기도 한다. 조금이라도 더 생각하고 또 생각한다면 후회 없는 선택을 할 가능성이 높아진다. 다른 사람의 조언을 구하는 것도 중요하고 스스로 깊이 성찰하는 것도 중요하다. 무엇보다 지혜롭게 선택하겠다는 마음가짐이 가장 중요하다.

이 질문을 통해 당신의 삶을 되돌아보고
그 기억과 생각을 바탕으로 답할 때 그 모든 답이
당신 인생의 글감과 미래에 쓰일 당신의 책으로 연결되었으면 좋겠습니다.

✤ 나를 치유하는 질문

1. 친구 관계나 사회(학교)생활에서 어려움을 겪을 때, 어떤 방식으로 문제를 해결하려고 했는가?

----

2. 원하는 것을 얻기 위해 자신의 가치관과 맞지 않는 선택을 한 적이 있는가? 그때 어떤 결과가 있었는가?

✤ 내 인생의 킥

"삶의 모든 순간은 선택이다. 그 선택 앞에서 한 번 더 생각할 수 있는 여유가 바로 지혜의 시작이다. 남들이 하는 대로가 아닌, 나만의 방식으로 문제를 해결할 때 진정한 성장이 이루어진다."

내가 나에게
해주고 싶은 말
_____

그래, 난 노란 튤립 첼리스트야!

어설픈 자살 시도,
아! 슬픈 살자 시도?

나는 왜 그때 자살을 시도했을까? 아마도 계속되는 좌절감이 쌓이고 쌓이다 한꺼번에 폭발한 것이 아닐까 싶다. 내 머릿속엔 항상 '너는 한국에서 도망왔다'라는 생각이 끊이지 않았다. 그 생각이 이어지는 상황에서도 똑같이 떠오르는 생각은 '여기서도 도망가고 싶다'였다. 언어를 배우는 장벽, 친구를 사귀는 장벽, 첼로 연주를 하고 시험을 보는 어려움 등 수많은 상황에서 좌절을 겪을 때마다 이런 생각으로 가득 찼다.

'나는 못 할 것 같다.'

'나 같은 건 자격이 없다.'

'나는 이것밖에 안 되는 인간이다.'

내게 알레르기가 있었기에 약을 먹었다. 약물 알레르기가 있다는 것을 잘 알아차리지 못한 채 기존 알레르기 약을 복용했다. 바로 중간고사를 보기 위해 학교를 가야 하는데 너무 심장이 떨렸다. 진정시키려고 신경 안정제를 먹었다. 학교에 가서도 떨림이 없어지지 않아 또 약을 먹었고, 알레르기 약도 먹었다.

그러니까 신경 안정제와 알레르기 약을 한꺼번에, 그것도 대량으로 복용한 상황이 되었고 무대에 올라가기 직전에도 약을 먹었던 지라 약에 잔뜩 취해 무대에 올랐다.

'오늘은 정말 잘해야지' 하는 마음으로 연주를 하려는데, 맨 앞줄에 앉은 두 명의 학생이 속닥거리는 소리가 들렸다. 이 친구들은 평소에 내가 외국인이라는 것에 대해 굉장히 비하 발언을 많이 하던 친구들이었는데, 둘이 주고받는 이야기가 귀에 들렸다.

"야, 오늘도 헤린이 활 떨어뜨리나 안 떨어뜨리나 내기할래?"

그 이야기를 듣고 연주를 하려니 마음이 행복하지 않았지만, 그래도 오늘은 정말 제대로 해서 저 친구들의 코를 납작하게 해주겠다고 생각하며 연주를 시작했다.

하이든의 곡을 연주하던 중 갑자기 내 손에서 활이 떨어진 것을 느꼈을 때, 순간 모든 상황이 얼음이 된 것 같았다. 친구들이 모두 나를 향해 키득키득 웃는 것 같은 느낌이 들자, 그 비싼 첼로를 집어 던지고 무대를 뛰쳐나왔다. 그리고 학교 문 밖으로까지 뛰쳐나갔다. 모두가 나를 비웃는 것 같이 느껴지는 그곳에 더 이상 있을 자신이 없었고, 여전히 심장은 계속 뛰고 있었다.

'봤지? 너 같은 건 더 이상 안 돼. 너 같은 건 더 이상 봐줄 수가 없어. 넌 아무 짝에도 쓸모가 없어.'

그래, 난 노란 튤립 첼리스트야!

이런 생각들이 나를 지배하기 시작했고 어디론가 계속 뛰어 갔다. 눈물이 계속 앞을 가렸는데 가다 보니 눈앞에 6차선 도로가 펼쳐졌다. 러시아는 차 사고가 많은 나라여서 차에 치인 사람이 날아가 죽는 교통사고를 이미 한 번 목격한 적이 있었기에 여기서 죽으면 한 방에 죽을 수 있겠다는 생각까지 들었다. 그 상황에서 그냥 6차선 도로로 뛰어들었다. 뛰어들자마자 굉장히 큰 굉음이 났는데 놀란 운전자가 급히 밟은 브레이크 소리였다. 차들이 나를 피해 지나가고 있었다. 우습게도 내가 죽지 않았다는 걸 알았을 때 가장 먼저 든 생각은 '죽지 못했구나'가 아니라 사회주의 국가인 러시아에서 '경찰서에 잡혀가면 어떻게 되지?'였다. 이번엔 그게 또 너무 무서워서 미친 듯이 무작정 도망가기 시작했다. 모든 사람이 나를 쫓아오는 것 같이 느껴져 어디론가 숨어야겠다는 생각으로 정신없이 달려갔다.

사람이 보이지 않는 곳에 도착했을 때 엉엉 울면서 스스로에게 이렇게 말했다.

"야, 이 죽지도 못하는 한심한 년아. 너 같은 건 살 가치가 없어. 너 같은 건 없어져도 돼. 너 같은 거 없어진다고 해서 아무도 슬퍼하지 않아. 봐! 넌 지금 죽지도 못하잖아?"

그렇게 내 마음을 갈기갈기 찢었다. 그때 정말 나는 할 줄 아는 게 아무것도 없다는 것을 깨달았다. 죽는 것조차도 똑바로 못하는, 죽겠다는 것조차도 완벽하게 해내지 못하는 쓸모없는 인간이라는 생각이 떨쳐지지 않아 바닥에 뒹굴며 엉엉 울었다.

어설픈 자살 시도가 실패로 끝이 났으니 나는 꾸역꾸역 다시 살아야 했다. 자살이란 말을 뒤집으면 '살자'가 된다고 하지만, 난 솔직히 살고 싶지 않았다. 사는 일은 여전히 슬프고 힘겨웠다. 여러 가지 상황이 나를 힘들게 하는 것이었지만 내가 그렇게 순간적으로 차도에 뛰어들었던 것은 철저히 혼자라는 아득한 절망감 때문이었을 것이다. 그때 내 가슴엔 이 생각이 각인되었다.

'세상에 나 혼자밖에 없다.'

그때의 열아홉 살 나에겐 이렇게 말해주고 싶다.

"혜린아, 누가 너 보고 못 한다고 했니? 누가 너 보고 안 된다고 했니? 누가 너 보고 한심하다고 했니? 아무도 너에게 그렇게 이야기한 적이 없어. 너는 너 자신에 대해 너무 많은 오해를 하고 있는데 그 오해를 풀었으면 좋겠어. 내가 아는 너는 너무나도 놀라운 일들을 많이 해낼 수 있는 사람이야. 그것이 사회가 원하지 않는 일이라고 해도, 그것이 잘못된 게 아니라는 걸 꼭 기억했으면 좋겠어."

지금의 내가 의미 있는 일을 하고, 사람들을 돕고, 연주를 통해 가치 있는 일을 하고 싶은 이유는, 그때 죽지 못해 발버둥을 치며 울부짖었던 10대의 내 모습이 진짜가 아니라는 것을 알려주고 싶어서다. 아마 그때의 나처럼 '나 같은 것'이라며 자기를 비하하며 사는 사람들이 많을 것이다. 나는 그런 감정에 묶여 살았고, 그것으로 인해 어설픈 자살 시도까지 했지만 썩 현명한 처사는 아니었다. 그래도 나는 그런 시도를 해 보았기에 누군가 자살했다는 가슴 아픈 소식을 들을 때면 '왜 자살을 시도했을까?'라는 생각보다 '왜 그런 시도를 할 수밖에 없을까?'를 생각한다.

나는 나의 책과 연주, 강의를 통해 누군가가 새로운 삶의 의미를 갖기를 바란다. 19세의 나에게 가장 필요했던 말은 이 말이었다.

첼로연주 할 때도

청소년 코칭을 할 때도

붉은색 튤립의
교육 현장을 이야기할 때도

강의하는 자리에 있을 때도

연극 무대 위에 섰을 때도

청소년을 위한
합창단 지휘를 할 때도
나의 사명은 분명하다.

"너는 그만한 가치가 있는 사람이다."

그래서 만약 내가 책을 쓴다면, 그것이 정말 내가 책을 쓰는 이유이고, 연주한다면 그것이 내가 연주해야 하는 이유이고, 공연을 기획한다면 그것이 내가 공연을 기획하는 이유다. 사람을 살리는 것이 내가 태어나서 죽을 때까지 해야 하는 가장 중요한 일이자 끝까지 해야 하는 일이다. 그것이 나의 소명(calling)과 사명(Mission)이다.

창조주는 온 세상을 창조하신 후에 인간을 창조하시면서 행복을 누리도록 하셨다. 다만 행복의 재료만을 주시고 각각의 행복은 자신만의 레시피로 만들라고 하셨다. 그래서 행복엔 정해진 것이 없다. 행복은 객관적 사실이 아니라 주관적 만족이다. 누가 뭐래도 내가 행복하면 그것이 행복이다. 행복의 조건들로 제시된 것들(돈, 학력, 외모, 인맥 등)은 사람들이 정해 놓은 빨간 튤립일 뿐이다.

나는 가끔 이런 상상을 해 본다. 내가 죽으려고 차도에 뛰어들었을 때 누군가 내 팔을 붙들면서 이렇게 말해 주었다면 어땠을까?

"그래, 이해해. 지금의 네 심정이라면 확 죽어버리고 싶을 거야. 그런데 말이야. 아직은 뭔가를 좀 더 기대해 봐야 하지 않을까? 지금의 네 모습 말고, 이후에 뭐가 있을지 지켜봐야 하지 않을까? 길고 짧은 건 대 봐야 하는 거 아냐? 너의 미래에 뭐가 있을지 모르는데 섣불리 단정 짓는 건 너무 성급한 결정 아닐까? 뭘 제대로 보여주기나 해 봤어?"

나는 이 말을 지금 좌절 가운데 있는 그대에게 해주고 싶다.

이 질문을 통해 당신의 삶을 되돌아보고
그 기억과 생각을 바탕으로 답할 때 그 모든 답이
당신 인생의 글감과 미래에 쓰일 당신의 책으로 연결되었으면 좋겠습니다.

✤ 나를 치유하는 질문

1. 나는 지금까지 나 자신에 대해 어떤 오해를 하고 있었나?

_____

_____

_____

2. 다른 사람을 살리거나 도왔던 경험이 있는가? 그때 어떤 느낌이 들었나?

_____

_____

_____

3. 가장 힘들었을 때 듣고 싶었던 말은 무엇인가?

_____

_____

_____

✤ 내 인생의 킥

"너는 충분한 가치가 있는 사람이다. 사회가 원하지 않는 일이라 해
도 그것이 잘못된 것이 아니다. 사람을 살리는 것, 그것이 우리가 태
어나서 죽을 때까지 해야 할 가장 중요한 일이다."

내가 나에게
해주고 싶은 말

제2장

인생 최고의
대학은 들이대(大)?

나는 세상을 살면서 위대한 업적을 이룬 사람들의 특성으로 실행력을 꼽는다. 그들은 대체로 무모한 도전, 황당한 도전, 말도 안 되는 행동, 미친 짓이라고 욕먹을 짓을 했던 사람들이었다. 나는 나이키의 광고 카피를 좋아한다. "Just Do it!(일단 해 봐)" 그래서 행복한 사람, 성공한 사람이 다닌 고등학교와 대학교의 이름은 이렇다. Just 高(Go!)와 들이大이다. 나는 들이大에서 석사와 박사학위를 받은 사람이다. 나에겐 박사학위가 두 개다. 하나는 음악학 박사이고, 또 하나는 들이大의 또라이學 박사다.

무대공포증을
또라이 전법으로 해결?

음악 콩쿠르는 몇 분 안에 자신의 모든 것을 보여주고 전문가들에게 평가받는 무대다. 내가 지금까지 참가했던 대회에서는 좋은 평가보다 좋지 않은 평가가 더 많았다. 특히 한국의 콩쿠르는 좋은 부분은 평가에 쓰지 않고 대부분 좋지 않은 부분만 지적한다. 그래서 점수를 주는 이유, 왜 감점이 되었는지에 대해서만 이야기한다. 외국 콩쿠르는 조금 다른 경우도 있지만 콩쿠르 무대에 서는 것은 정말 죽기보다 서고 싶지 않은 무대다.

그냥 사람들이 내 음악을 듣고 싶어서 참석하는 연주회는 얼마든지 즐길 수 있다. 하지만 '저 사람이 날 평가하고 있다'는 생각으로 무대에 서는 것은 완전히 다르다. 진짜 내 실력이 다 드러나는 상황이고, 자칫 실수라도 하면 비웃음당하기 십상이다. 마치 도마 위에 놓인 횟감 생선이 된 기분이다.

어느 날 불가리아 국제 콩쿠르에 참가했다. 불가리아는 흑해 연안에 있는 나라답게 맛있는 음식들이 많았는데, 특히 요구르트의 나라답게 내가 좋아하는 다양한 요구르트가 많았다. 그럼

에도 불구하고 나는 그것을 제대로 먹지도 못했고 축제 분위기를 즐기지도 못했다. 당장 내일 콩쿠르 무대가 있었기에 잔뜩 긴장해 있던 까닭이었다. 자연환경에 어우러진 멋진 리조트에서 열린 축제 같은 콩쿠르였지만 그 풍광이 눈에 들어올 리 없었다. 그런 나에 비해 옆에 있는 다른 참가자들은 그 모든 시간을 여유롭게 즐기고 있었다. 내 눈에 비친 그들은 콩쿠르 무대에 설 사람들이 아니라 휴양지에 쉬러 온 사람처럼 보였다. 이유는 하나였다. 그들에게 콩쿠르는 축제였지만, 나에게는 시험이었다.

무대에 서는 날이 되자 그 친구들은 모두 아름다운 옷을 입고 무대에 올라가 멋있게 인사했다. 그 태도가 얼마나 당당했던지 '저 친구는 정말 잘하는 사람인가 보다'라고 생각하게 하였다. 그런데 막상 연주를 들어보니 실력은 형편없었다. 이곳저곳 틀린 곳도 많았고 주법도 이상했다. 참여자인 내가 보기에도 턱없이 부족한데 심사위원이 보면 어떨까 싶었다. 더 신기한 것은 그런 연주를 하고도 언제 자기가 틀렸냐는 듯 환하게 웃으며 인사하고 내려왔다.

그 모습을 보고 충격을 받았다. 나는 뭐 하나라도 틀리면 안된다는 강박관념 때문에 무대에 서기가 늘 무서웠다. 그래서 무대에 올라가면 웃지도 않았고 어색한 인사를 얼렁뚱땅 대충 했었다. 그리고 악기를 잡으면 그 순간부터 바들바들 떨었다. 불가리아 콩쿠르 무대에 섰을 때도 내 머릿속엔 '어떻게 하면 안틀릴 수 있을까'라는 생각으로 꽉 차 있었다. 그랬으니 무대 위에서 어떻게 연주했는지가 기억에 남을 리 없었다.

그래도 내 순서를 마치고 나니 속이 후련해지고 여유가 좀 생겼다. 잘했든 못했든 이젠 지난 일이었다. 긴장과 불안도 사라졌으니 다른 나라 참가자들의 연주를 볼 여유도 생겼다. 그들은 대체로 밝고 환하고 당당했다. 나는 계속 의문이 들었다.

'어떻게 저렇게 완벽하지도 않으면서 당당하게 올라갈 수 있지?'

'왜 나는 저렇게 하지 못할까?'

'저 친구들과 나의 다른 점이 무엇일까?'

물론, 나는 그 콩쿠르에서 순위 안에 들지 못했다. 너무 긴장한 나머지 잔뜩 쪼그라든 채로 연주했으니 그 음악이 제대로 표현되었을 리 없었다.

그다음 순서인 앙상블 콩쿠르에 참가하면서 생각이 조금씩 바뀌기 시작했다. 앙상블 콩쿠르란 여러 악기로 구성된 팀이 작품을 보여주며 심사를 받는 형식이다. 이미 전공 콩쿠르는 망했으니 여기에서라도 좋은 결과를 얻어야 했다. 그런데, 이런 제길! 예선에서 하지 말아야 할 큰 실수를 하고 말았고 더 이상의 가능성은 없다고 단정 지었다.

그래도 아직 파이널 무대가 남아 있었다. 파이널 무대는 경연이라기보다 축제에 가까운 무대였다. 그래서 '이 페스티벌 무대를 어떻게 할까?' 고민하다가 우리 팀은 객기를 부리기로 했다.

'에라 모르겠다. 우리가 준비한 것은 다 내려놓고 무대 위에서 찬양곡이나 연주하고 내려와야겠다'

다시는 오지 못할 것 같은 불가리아였고, 우리가 찬양곡을 연주하는지 아닌지 아무도 모를 테니 말이다. 혹시라도 누가 뭐라고 하면 〈한국의 로맨스〉라고 둘러대면 그만이었다. 나는 나에게 이렇게 속삭였다.

'콩쿠르 무대에서 찬양곡을 연주하는 또라이가 되면 어때? 이 연주는 나 자신에게 선사하는 연주야. 평가를 하든 말든 그건 심사위원들 몫이고, 나는 오롯이 이 연주를 즐기면 되는 거야. 이럴 때 내 또라이 기질을 작동시키는 거지 뭐.'

그렇게 나는 무대에 올라 내 멋대로 연주하고 무대를 내려왔다. 뒤도 돌아보지 않고 내려왔다. 시상은 없었지만, 나에게는 무대를 새롭게 개편하고 받아들이는 놀라운 순간이었다. 무대를 내려오니 오히려 다른 나라의 참가자들이 나에게 엄지척을 해주었다. 나의 또라이 연주가 그들에게도 통했던 모양이었다. 아마 그들의 눈에도 내 모습이 환하고 당당하며 자신감으로 충만하게 보였던 것 같다. 그 일 이후로 나는 나의 연주철학을 하나 더 세웠다.

"나에게 즐거운 연주여야 다른 사람도 즐겁다."

언젠가 여름에 친구들과 개울에 놀러 간 적이 있었다. 다른 아이들은 물속으로 뛰어들어 물놀이를 즐길 때 나는 밖에서 얼쩡거리고 있었다. 친구들은 물에 들어오라고 손짓했지만 나는 계속 머뭇거렸다. 그런데 갑자기 친구들이 나에게 한꺼번에 물을 뿌렸고 그만 옷이 흠뻑 젖고 말았다. 이왕 젖은 옷이라 그냥 물속에 뛰어들어 친구들과 물장난하며 어울렸다. 정말 신나게 놀았다.

콩쿠르에서 내가 쪼그라들 대로 쪼그라들었던 것은 남들이 나를 어떻게 평가할까에 대한 두려움 때문이었다. 그러니 연주도 제대로 할 수 없었고 주변 분위기를 즐기지도 못했다. 그러다 이왕 망친 연주란 생각에 내가 잘하는 것, 내가 좋아하는 곡을 연주했더니 내 기분이 좋았다. 긴장과 불안도 사라졌고 내 음악이 내 귀에 들렸다. 또 사람들의 반응도 훨씬 더 좋았다. 때론, 물속으로 뛰어드는 용기도 필요하다. 콩쿠르에서 제멋대로 연주하는 또라이 짓도 필요하다.

심리학에선 '스포트라이트 효과(Spotlight Effect)'라는 말이 있다. 사람들은 자기 자신이 다른 사람들의 주목을 훨씬 많이 받고 있다고 착각하는 경향이 있다는 이론인데, 실제로 다른 사람들은 나에게 별 관심이 없다는 연구다. 이 이론은 미국의 심리학자 토머스 길로비치(Thomas Gilovich)와 그의 동료들이 1999년에 제시하였다. 사람들은 자신이 입은 옷, 실수한 행동, 발언 등을 타인이 뚜렷하게 인식하고 평가할 것이라고 과도하게 생각하는데, 실제로는 타인은 별 관심 없거나 금방 잊어버린다는 것이다. 왜냐하면 각자 자기 인생 살기에 바쁘다. 즉, 다들 자기 자신을 신경 쓰느라 남을 그렇게 자세히 관찰하거나 평가하지 않는다.

이 질문을 통해 당신의 삶을 되돌아보고
그 기억과 생각을 바탕으로 답할 때 그 모든 답이
당신 인생의 글감과 미래에 쓰일 당신의 책으로 연결되었으면 좋겠습니다.

✦ 나를 치유하는 질문

1. 새 옷을 입고 외출했을 때 얼마나 많은 사람이 그것을 알아볼까?

_____

_____

_____

2. 내가 일명 또라이짓을 한다면 어떤 짓을 해 보고 싶은가?

_____

_____

_____

✦ 내 인생의 킥

"때로는 틀에서 벗어나는 용기가 인생의 가장 아름다운 음악을 만들어낸다."

내가 나에게
해주고 싶은 말
_____

그래, 난 노란 튤립 첼리스트야!

내가 들이大 장학생이라
장학금 준다고?

러시아 유학 시절, 졸업을 앞둔 5학년 때였다. 그때까지만 해도 음악 서적 총판점을 운영하던 아버지 덕분에 그럭저럭 유학 생활을 이어갈 수 있었다. 하지만 아버지가 갑작스럽게 사업을 접고 목회의 길로 들어서면서 상황이 완전히 달라졌다. 당장 생활비조차 없는 가난한 목회자가 된 아버지는 더 이상 내게 학비와 생활비를 보내줄 수 없게 되었다.

ATM에 카드를 넣었을 때 돈이 나오지 않는 것을 보고서야 현실을 직시하게 되었다. 졸업 시험을 앞두고 있던 시기였는데 기숙사비를 낼 돈도, 한국으로 돌아갈 비행기 표를 살 돈도 없었다. 어떻게든 돈을 마련해야 했다. 그 절박한 상황에서 선택한 방법은 여행사 가이드였다.

선배의 도움으로 여행사 대표님을 만나게 되었다. 면접 날, 대표님은 23살의 나를 보고 "군대 갔다 왔어요?"라고 빈정대듯 물었다. 그 질문에는 여행 가이드는 여자에게 너무 어려운 일이라는 의미와 과연 할 수 있을지에 대한 의구심이 담겨 있다. 그래도 나는 해 보겠노라며 시간이 나면 군대라도 가겠다고 농담 섞인 대답을 했다.

그렇게 러시아에서 가이드를 시작했는데, 가이드 일을 제대로 하려면 러시아 역사와 제1차 세계대전, 제2차 세계대전까지 모두 공부해야 했다. 선배가 두꺼운 러시아사 책을 던져주며 3일 안에 읽어오라고 했다.

"이걸 어떻게 3일 안에 읽어요?"

하고 반문했더니, 선배는 썩소를 보내며 이렇게 답했다.

"너 다음 주에 팀 걸려 있어. 안 읽고 싶어도 읽어질걸?"

그렇게 2박 3일 동안 러시아에 관한 전반적인 공부를 했다. 스스로를 대견히 여기며 팀을 받았다.

그런데 막상 가이드를 하니 사람들이 내 설명을 듣다가 졸기 시작했다. '왜 이렇게 잘까?' 궁금해서 어느 날 내가 가이드하는 모습을 녹음해 들어봤다. 놀랍게도 나조차도 내 목소리에 졸렸다. 차분하게 이야기하다 보니 재미도 없고, 감동도 없고, 사람들의 이목을 끌지도 못한다는 걸 깨달았다. 감동이 없으니 내가 "이거 해 봅시다." 해도 관광객들이 귀 기울이지 않았다.

그때부터 연습을 시작했다. 녹음하고 듣고 녹음하고 듣고를 반복하며 가이드할 때 어떻게 하는 게 좋은 방법인지 연구했다. 단순한 가이드가 아니라 마치 옛이야기의 현장을 보여주는 것처럼 설명했다. 때로는 극적인 순간들을 생생하게 묘사하려고 의성어와 의태어, 손짓발짓을 다 동원해서 말했다. 그렇게 하나씩 연습하다 보니 내 이야기에 반응해 주는 사람들이 생겨났다.

하지만 여전히 나는 막내 가이드였기 때문에 돈이 안 되는 팀, 가장 힘든 팀, 진상 손님이 많은 팀만 맡게 되었다. 그러던 중 학비를 내야 하는 시즌이 다가왔다. 일주일 안에 학비를 마련해야 했는데 내게 배정된 팀은 모든 선배가 기피하는 팀이었다. 이 팀에서는 어떤 옵션도 할 수 없고, 추가로 돈을 벌 수 있는 경로가 전혀 없었다. 보통 러시아에서는 발레나 오페라 티켓을 판매하면 가이드에게 수수료가 조금씩 돌아오는데 이 팀은 이미 한국에서 모든 티켓을 사 온 상태였다. 게다가 나는 일하면서 '절대 일요일은 일하지 않는다', '난 무조건 교회에 간다'는 원칙을 세웠었는데 이 팀은 일주일 내내 책임져야 했다. 어쩔 수 없이 대표님께 고민을 털어놓았지만, 대표님은 "그럼 누가 하냐?"고 역정만 냈다. 아마 대표님은 그런 나를 보고 융통성(融通性)이 없다고 한심하게 생각했을지도 모른다. 그렇지만 나는 융통성이 없는 게 아니라 그 융통성 덕분에 남들이 기피하는 팀을 맡을 수 있었다. 융통성이란 형편이나 경우에 따라서 일을 이리저리 막힘없이 잘 처리하는 재주나 능력을 뜻한다.

책임감을 느끼고 팀을 맡기로 했다. 당장 돈이 필요했고 몇 팀을 더 맡아도 학비를 다 마련할 수 없을 것 같았지만 맡은 일이니 최선을 다하기로 했다. 그 팀은 예술의 전당 후원회라는 이름으로 왔다. 내가 재미있게 투어를 진행하고 감동적인 이야기를 들려주자, 처음에는 "이양!"이라고 불렀던 그들이 점차 "이선생!"으로, 그리고 나중에는 "이 박사!"로 부르기 시작했다.

며칠간 정성을 다해 투어를 진행하다가 일요일이 가까워지자, 토요일 저녁 투어에서 조심스럽게 부탁드렸다.

"죄송한데요, 이러면 안 되는 건데… 저 내일 교회 가서 예배만 드리고 투어 시켜드려도 될까요? 혹시 러시아에 있는 한인들이 어떻게 사는지 보고 싶으신 분이 계시면 제가 한인 교회로 모시고 가겠습니다."

놀랍게도 그분들이 흔쾌히 허락해 주셨고, 몇 분은 함께 교회에 가자고 하셨다. 나머지 분들은 호텔에서 쉬며 기다려 주겠다고 이해해 주셨다. 더 놀라운 일은 그 후에 벌어졌다. 그분들이 우리 한인들과 내가 예배드리는 모습에 감동받아 교회의 모든 사람을 고급 멕시코 식당으로 초대해 음식 대접을 해주겠다고 제안하신 것이다. 그 식당은 우리 학생들에게는 너무 비싸 엄두도 낼 수 없는 곳이었다. 그분들은 "이 박사가 우리를 감동시켜 주어서 이런 시간을 만들 수 있었다"며 나를 높여주셨다. 그때까지 나는 나 혼자만의 원칙을 지키면서 일하는 것이 과연 효과적일까를 고민했었는데, 그것이 도리어 열매로 드러나니 큰 감동이 되었다.

마지막 날, 팀의 대표 분이 나를 모두 앞에 세우고 말했다.

그래, 난 노란 튤립 첼리스트야!

"이혜린 선생님, 일주일간 고생 많았습니다. 정말 첼리스트로서 대성한 박사가 되어 돌아왔으면 좋겠어요."

그리고 봉투를 건네주셨다. 여행이 끝나면 으레 받는 일반적인 팁이라고 생각했다. 하지만 그 팁만으로는 내 학비를 다 채울 수 없다는 것을 알고 있었다.

그런데 그분은 곧 또 다른 봉투 하나를 꺼냈다.

"이 선생을 위해 따로 준비한 것이 있어요. 아까 드린 것은 여행상품 안에서 가이드에게 줘야 하는 당연한 팁이고, 이것은 우리가 선생님이 공부를 잘 마치고 돌아올 수 있기를 바라는 마음으로 십시일반 모은 것입니다. 고맙게 받아주시고 열심히 공부하고 돌아오세요."

그 봉투를 합치니 2,700달러(300만 원 정도)가 들어 있었다. 정확히 내게 필요한 학비와 맞아떨어지는 금액이었다. 그 덕분에 바로 학비를 낼 수 있었다. 내가 하나님 앞에 원칙을 지켰더니 하나님도 그분의 원칙대로 나에게 필요한 것을 정확히 공급해주셨다. 20년이 지난 지금도 그 일과 그분들의 고마움을 잊지 못한다. 사람이 사람을 얼마나 힘이 나게 하는지를 깨달았다. 그래서 나는 언제, 어디서 어떤 도움이 올지 모르기 때문에 원칙을 가지고 일하는 것이 얼마나 중요한지 항상 마음에 새겨놓고 있다. 또한 나 역시도 어떤 원칙을 가지고 사는 사람을 돕는 일에 주저하지 않는다.

이 질문을 통해 당신의 삶을 되돌아보고
그 기억과 생각을 바탕으로 답할 때 그 모든 답이
당신 인생의 글감과 미래에 쓰일 당신의 책으로 연결되었으면 좋겠습니다.

✦ 나를 치유하는 질문

1. 어떤 어려운 상황에 처했음에도 자신만의 원칙을 포기하지 않았던 경험이
있는가?

_____

_____

_____

2. 누군가로부터 예상치 못한 도움을 받은 경험이 있는가? 그것이 당신에게
어떤 영향을 미쳤는가?

_____

_____

_____

✦ 내 인생의 킥

"진정한 성공의 비결은 돈을 벌기 위해 노력하는 것이 아니라, 마음
을 다해 사람을 감동시키는 것이다. 어떤 순간에도 진심을 다할 때
예상치 못한 곳에서 필요한 도움이 찾아온다."

내가 나에게
해주고 싶은 말
_____

수치(羞恥)가
능력의 수치(數値)를 키운다고?

스물일곱 살, 음악학 박사학위를 받고 한국에 돌아온 그 순간부터 내 머릿속은 불안함으로 가득 찼다.

'아무도 나를 써주지 않을 거야. 나의 진짜 모습을 알면 나를 무대에 세우지 않을 거야. 나 같은 실력은 어디에도 내놓을 수가 없어.'

이런 생각들이 끊임없이 나를 따라다녔다.

가장 두려웠던 건 "첼로로 음악학 박사까지 받았는데 그것밖에 못 해?"라는 말을 듣는 것이었다. 오히려 박사학위가 나를 짓누르기 시작했다. 더 무서웠던 건 그런 말이 나 하나만 깎아내리는 게 아니라 우리 부모님까지 도매금으로 싸잡아 깎아내릴 때였다.

"저 부모가 저렇게 목회하며 힘들게 유학까지 보낸 딸인데 저거밖에 못 해?"

그 소리는 정말 상상조차 하기 싫은 말이었다. 그런 생각이 가득 찬 상태에서 연주하면 양손이 다 떨렸다.

한국에 돌아오자마자 나는 부모님께 선언했다.

"나 1년만 놀 거예요. 나 더 이상 첼로를 잡을 힘이 없어요. 그러니까 날 건드리지 마세요."

이 말은 이제 나는 더 이상 첼리스트가 아니라는 으름장이었다. 그래 놓고 나는 첼리스트라는 말, 첼로 음악학 박사라는 말을 어떻게 없앨 수 있을지 계속 고민했다. 왜냐하면 나는 자격이 없다고 생각했고, 나보다 뛰어난 사람들이 훨씬 많다고 생각했기 때문이다.

천만다행이게도 나는 호기심 많은 사람이었다. '내 인생에 왜 첼로만 있어야 해? 나도 다른 것 좀 하면 안 돼?'라는 생각으로 여기저기 기웃거리기 시작했다. 그러다 서울대에서 진행하는 CEO들을 위한 경영학 과정에 참여할 기회가 생겼다. 물론 나이가 안 된다는 거절을 받았지만, 일주일 내내 매일 서울대에 전화해서 간청했고, 결국 미니 MBA 과정에 참여할 수 있었다.

그곳에서 경영학의 기본을 배우고 축제 기획과 파티 기획이라는 분야가 있다는 것도 알게 되었다. 졸업 전 내게 "너는 기획자야"라고 했던 선배 말이 떠올라서 배우는 즐거움이 커지기 시작했다. 여기저기서 조금씩 새로운 것을 배웠지만, 여전히 혼란스러움이 밀려왔다. 내면의 싸움이 시작되며 정체성의 혼란을 느꼈다.

'내가 배우고 싶은 거 배워도 되나?'

'오랫동안 유학까지 갔다 왔는데 진짜 첼로를 이렇게 내려놔도 되나?'

'이제 직업전선에 뛰어들어야 하는 것 아닌가?'

그런데 더 큰 시련이 찾아왔다. 러시아에서의 11년 세월 동안 쌓아놓았던 모든 기록, 논문, 사진, 영상, 음악 자료가 담긴 외장하드가 망가졌다. 누군가가 살짝 발로 찼을 뿐인데 허망하게 망가져 버렸다. 복구비용이 너무 비싸서 결국 포기해야 했다. 러시아에서의 첼리스트 이혜린의 모든 스토리가 한순간에 사라진 것이다. 너무 화가 나고 어이가 없고 서글퍼서 자다가 벌떡벌떡 깨는 일이 한 달 내내 계속되었다.

그러던 중 3P 자기 경영 연구소를 만나게 되었다. 거기서 바인더를 통해 내가 하고 싶은 것, 기록으로 남겨야 할 것, 나라는 사람을 찾아가는 방법을 배우기 시작했다. 나도 새로운 꿈을 가질 수 있고 가치 있는 사람이라는 것을 깨닫게 되었다. 그리고 그 기록을 눈에 보이게 시각화 하는 것이 얼마나 중요한지 깨닫게 되었다. 외장하드 속 십여 년의 스토리를 한순간에 잃어 보았기에 아는 소중함일 것이다.

기록하고 강의를 들으면서 자신감이 생기기 시작했고 자존감도 높아졌다. 그러다가 조심스럽게 나의 아팠던 과거 이야기를 누군가에게 꺼내기 시작했는데 놀랍게도 많은 사람이 집중해서 들어주었다. 그 일로 사람들 앞에 서서 강의하는 일에 매력을 느끼게 되었다.

강사가 되기 위해 공부하면서 고민했다.

'좋은 강사가 되려면 말을 잘해야 하는데, 말을 잘 못하는 내가 어떻게 할 수 있을까?'

그때 연주 기법이 생각났다. 크레센도, 디크레센도, 포르테, 피아노, 쉼표, 페르마타, 스타카토, 레가토 같은 음악적 요소들을 스피치에 활용하면 임팩트 있게 전달할 수 있겠다는 생각이 들었다.

사람들 앞에 서는 연습을 다양한 방법으로 하기 시작했고 놀랍게도 사람들은 내 이야기를 흥미진진하게 들어주었다. 특히 아팠던 과거 이야기를 할 때 연령대와 상관없이 사람들의 눈이 커지고 졸던 사람들도 깨어나는 것을 느꼈다. 그렇게 여러 곳에서 강의를 하게 되었다.

청소년들 앞에서 내 무모했던 청소년 시절, 쪼그라들 대로 쪼그라들었던 이야기를 했을 때 아이들이 웃다 울다 하며 공감과 위로를 받는 모습을 보고 내 사명을 깨달았다. 많은 청소년이 나 같은 아픔을 가진 채 살고 있다는 것을 여러 강의 무대에 서며 깨닫게 되었다. 그렇다면 내게 할 일이 생겼다. 수없이 많은 고민과 지우고 싶은 과거와 말 못 할 어려움이 있는 청소년들 앞에서 강의를 통해 위로하고 공감해 주는 일을 하기로 결심했다.

나는 이제 첼리스트 이혜린만이 아닌 강사 이혜린이라는 새로운 정체성을 갖게 되었다. 심지어는 강의 실력도 계속 상승세로 가기에 남들이 해내지 못하는 강의를 하면서 칭찬을 많이 받고 있었다. 그런데 어느 날 내 안에서 이상한 소리가 들리기 시작했다.

"혜린아! 너는 첼리스트야."

나는 계속 부정했다.

"나 이제 더 이상 첼리스트 아니야. 나는 잘 나가는 강사야. 나 강의 스케줄 많아서 첼로는 할 시간도 없어."

하지만 그 목소리는 계속되었고 결국 나는 스스로에게 물었다.

'내가 왜 첼리스트가 아니라는 걸 이렇게 변명하고 있지? 누가 나한테 왜 자꾸 첼리스트라고 부르는 거지?'

내 마음속 가장 깊고 어두운 감옥에 첼리스트 이혜린을 가두어 놓았는데 누군가 자꾸 끄집어내려 하는 것 같았다. 그 목소리가 싫었다. 기분 나빴다. 첼로로 인해 생긴 트라우마가 다시 올라오니 꼴도 보기 싫은 내 과거의 파노라마가 시작되었다. 그 시간을 멈추고 싶어서 제발 그만하게 해달라고 울며 기도하기 시작했다,

결국 몇 주의 싸움 끝에 인정했다.

'그래, 나 첼리스트다. 니가 알아서 해 봐. 무대가 있는지, 날 누가 첼리스트라고 부르는지 알아서 해 봐.'

나는 내 속의 그 목소리를 비웃었다. 그러나 난 이미 다른 기도를 하기 시작했다.

"왜 자꾸 저한테 첼리스트라고 하세요? 내가 어떻게 첼리스트로 설 수 있어요? 제가 진짜 첼리스트 맞긴 해요?"

그렇게 반항하듯 대들었는데 그 일 이후 놀랍게도 첼로를 연주할 수 있는 무대가 하나씩 생기기 시작했다. 더 놀라운 것은 강의하면서 첼로 연주를 선물로 할 생각은 진작부터 했었지만 막상 실행을 못 하고 있었는데 실험 삼아 한 번 했을 때 보인 사람들의 폭발적 반응이었다. 사람들은 뜻밖의 선물에 행복해하고 감격했다. 어김없이 우는 사람들이 있었다. 강의에 연주를 병행하는 강의를 계속하자 그것이 나만의 트레이드마크가 되었다. 다른 강사가 할 수 없는 나만의 강연 컨셉트를 찾았다. 강연까지 하는 첼리스트는 많지 않다는 것을 깨달았기에 그동안 세상에 없었던 새로운 모델이 되는 것도 좋겠다는 생각이 들었다.

첼로에 대한 아픔이 없었다면, 그 수치심이 없었다면 다른 것을 찾아 나설 이유가 없었을 것이다. 부끄러운 과거, 아픔, 수치스러움을 감추기 위해 다른 것을 찾아 나서야만 했던 용기가 필요했고 그것이 결국 내 원래 가진 무기를 더 빛나게 해주었다. 아프고 수치스럽고 부끄럽고 상처가 되는 것도 사명이 되고, 직업이 되고, 자기효능감이 될 수 있다는 것을 깨달았다.

이 질문을 통해 당신의 삶을 되돌아보고
그 기억과 생각을 바탕으로 답할 때 그 모든 답이
당신 인생의 글감과 미래에 쓰일 당신의 책으로 연결되었으면 좋겠습니다.

⚜ 나를 치유하는 질문

1. 나의 수치스러운 약점이나 부족함은 무엇인가?

....

....

....

2. 저자의 수치스러운 부분을 읽었을 때 어떤 느낌이 드는가?

....

....

....

3. 나만의 독특한 경험과 배경을 어떻게 나의 진로와 연결시킬 수 있을까?

....

....

....

⚜ 내 인생의 킥

"우리의 가장 깊은 상처는 종종 우리의 가장 독특한 선물로 변화한
다. 아픔을 피하지 말고 그것을 통해 새로운 길을 발견하라."

그래, 난 노란 튤립 첼리스트야!

내가 나에게
해주고 싶은 말
_____

내가 부족한 부분은
온 세상이 나서서 돕는다고?

"어떻게 하면 내 진심이 학생들에게 닿을 수 있을까?"

바닥을 치는 첫 교육 회사, 꿈과 현실의 괴리 속에서 시작된 나의 진로를 찾아가고 있다. 학생들과 다양한 콘텐츠로 만나겠다는 꿈은 컸지만 현실은 냉혹했다. 아무도 남편과 내가 함께 만들어 놓은 우리 교육 회사를 학교 현장에 불러주지 않았고 어떻게 이 벽을 뚫을 수 있을지 고민의 날들이 이어졌다.

그러던 중 인생의 전환점이 찾아왔다. 35세에 학교 교사를 그만둔 남편의 꿈대로 한국교원대학교에서 융합 교육을 공부하기 시작했고 그곳에서 한 교수님을 만나게 되었다. 교수님은 우리 부부의 이야기에 깊은 관심을 보이셨다. 첼리스트인 나와 남편이 함께 청소년들을 위한 프로그램을 만들고 싶다는 꿈을 남편이 나눴을 때 교수님은 우리 부부를 함께 만나고 싶어 하셨다.

첫 만남에서 우리는 서로의 교육에 대한 꿈과 비전이 얼마나 맞닿아 있는지 깨달았다. 우리의 진심 어린 교육 이야기를 들으며 교수님의 눈시울이 붉어졌고 여러 차례 만남 끝에 함께 일해

그래, 난 노란 튤립 첼리스트야!

보자는 제안을 받았다.

우리에게는 콘텐츠의 아이디어와 진심만 있었을 뿐 학교 현장 진입 방법은 알지 못했다. 하지만 융합교육 연구소는 이미 학교 현장에 많은 콘텐츠를 제공하고 있었기에 이보다 더 좋은 기회는 없었다. 우리는 함께 연구소 발전을 위한 다양한 프로그램을 개발하기 시작했고 회사와의 협력 방안도 모색했다. 그러자 교육 콘텐츠를 구하고 싶어서 연구소 홈페이지를 찾는 인원이 더 많아지기 시작했고 그 방문들에 허탈감을 주지 않기 위해 다양한 콘텐츠를 개발했다.

시간이 흐르며 서로에 대한 신뢰가 쌓이고 성과가 나타나자 교수님은 융합교육 연구소 연구원으로 일할 기회를 주셨다. 연구원이라는 타이틀과 함께 더 큰 책임감을 느끼며 다양한 콘텐츠를 개발했고 첼로라는 악기를 활용한 교육, 진로, 예술이 융합된 새로운 장르를 만들어냈다.

나 외에도 자신의 특기와 직업이 교육과 진로로 연결될 수 있는 다양한 강사를 만들어내기 시작했다.

이런 프로그램으로 여러 학교를 방문할 때마다 선생님들과 학생들이 즐거워하는 모습을 보며 더 확장시킬 방법을 고민했다. 남편의 지속적인 기획은 우리의 수입 증가뿐만 아니라 융합교육연구소에도 큰 발자취를 남겼다. 현재 한국교원대학교 융합교육 연구소 사이트에는 우리가 만든 콘텐츠들의 다양한 강사를 학교에서 찾을 수 있는 시스템이 마련되어 있다.

처음에는 진심 외에 아무것도 가진 게 없었다. 그저 학생들을 돕겠다는 목표만으로 시작했는데 좋은 만남과 환경이 주어졌다. 내가 원하는 꿈, 길, 가치관이 분명하다면 그에 맞는 사람들과 환경이 찾아온다고 믿는다. 그래서 무엇을 하고 싶은지에 대한 확고한 믿음이 가장 중요하다. 다양한 교육 현장에서 활동할 수 있게 된 것은 그 귀한 만남과 우리를 믿고 함께하자고 손을 내밀어 준 기회 덕분이다. 이 경험을 통해 느낀 것은 어디서 귀인이 나올지 모르기 때문에 진심을 다하고 자신의 꿈을 계속 이야기하는 것이 중요하다는 것이다. 그래야 내 꿈과 가까운 사람, 내 이야기와 함께 무언가를 만들어 나가길 원하는 사람을 만날 수 있다.

어른들의 놀이도구인 장기는 중국 초한(楚漢)전쟁을 배경으로 만든 놀이다. 초나라의 항우(項羽)와 한나라의 유방(劉邦)은 오늘날로 말하면 금수저와 흙수저의 대결이었다. 항우는 유방에 비해 모든 면에서 뛰어났지만 오히려 그 뛰어남 때문에 자존심을 못 버려 결국은 멸망했다. 그러나 유방은 자신을 낮추고 타인을 활용하는 겸손을 발휘해 최종 승자가 되었다. 유방은 늘 자신을 부족한 사람이라고 말했다. "나는 술을 좋아하고, 게으르고, 공부도 못했다"고 인정하였다. 그 덕분에 그에게는 장량, 한신, 소하, 진평 같은 유능한 인재들이 많았다. 천하를 얻고자 하는 열망이 있을 때 그의 부족함은 주변의 인재들이 메꿔주었다. 사람이 무슨 일을 하고자 할 때 뜻이 분명하면 그의 부족함은 온 세상이 나서서 도와주려고 한다. 그러니 자신의 부족함을 탓하지 말라. 자기 비하하지 말라. 내가 탁월한 인재가 되는 것도 좋지만 탁월한 인재를 활용하는 사람이 되는 것이 더 좋은 방법이다.

이 질문을 통해 당신의 삶을 되돌아보고
그 기억과 생각을 바탕으로 답할 때 그 모든 답이
당신 인생의 글감과 미래에 쓰일 당신의 책으로 연결되었으면 좋겠습니다.

✤ 나를 치유하는 질문

1. 나의 진정한 꿈은 무엇인가? 그 꿈을 이루기 위해 지금 할 수 있는 첫 걸음은?

----

2. 내가 가진 재능이나 관심사를 어떻게 새로운 진로로 연결할 수 있을까?

----

3. 내 주변에 나의 비전을 공유하고 함께 성장할 수 있는 사람은 누구인가?

✤ 내 인생의 킥

"진심이 통하는 곳에서 새로운 길이 열린다. 꿈을 향한 여정에서 가
장 중요한 것은 남들이 보는 화려한 스펙이 아니라, 자신의 확고한
믿음과 그것을 나누려는 용기다."

그래, 난 노란 튤립 첼리스트야!

내가 나에게
해주고 싶은 말
_____

설악산 울산바위 정상에서
첼로를 연주했다고?

설악산은 그 이름만 들어도 산악인들의 가슴을 뛰게 하는 험준한 산이다. 악(岳)자가 들어간 산은 험하고 웅장하긴 하지만 초보자들에겐 꺼려지는 산이기도 하다. 설악산에 있는 울산바위도 만만치 않은 곳이다. 나는 그날 특별한 임무를 갖고 이 산을 오르게 되었다.

사실 연주를 위해 설악산을 간 것은 아니었다. 암 치유가 필요한 분을 모시고 나의 건강 스승님께 연결시켜 드리기 위해 남편과 함께 설악산으로 향했다. 도착했을 때 스승님으로부터 황당하고 놀라운 소식을 전해 들었다. 내일 울산바위 정상에서 만나자고 하신다. 한 마디로 등산하라는 말을 에둘러 말씀한 것이었다. 그리고 스승님 역시 다른 암 환자들과 함께 등산하겠다는 말씀이었다.

시간에 맞추려면 내일 새벽에 출발해야 했다. 방을 잡고 잠자리에 들려니 비가 내리기 시작했다. 나는 속으로 쾌재를 불렀다. 비가 오면 산행이 취소될 것이고 산행이 취소되면 내일 늦

잠을 좀 자도 좋겠다고 생각했기 때문이다. 하지만 새벽에 눈을 떴을 때 날씨는 놀랍도록 화창했다. 결국 어쩔 수 없이 울산바위로 향할 수밖에 없었다.

울산바위 등반 여정은 무척 힘들었다. 1시간 반 동안 입에서 욕이 나올 정도로 숨이 턱까지 차는 등반이었다. 그러나 고통스러운 등반 끝에 도착한 산 중턱에서 아래를 내려다보는 순간 그 광경에 넋을 잃었다. 이래서 사람들이 설악산을 찾는구나 싶었다. 외국인들도 찾는다는 명소엔 그만한 이유가 있다 싶었다. 그 순간 또라이 첼리스트의 머릿속에 미친 생각이 떠올랐다.

'이 울산바위 정상에서 첼로 연주를 하면 어떨까?'

나는 존경하는 지인의 말을 늘 가슴에 담고 있다.

"어디를 가든 첼로를 들고 다니고, 연주할지 말지는 현장에서 결정하라."

그래서 이번에도 첼로를 차에 실어 오긴 했지만 차는 멀찌감치 산 아래에 있었다. 그나마 그 생각을 반쯤 올라온 상태에서 한 것이 천만다행이었다. 그런 마음을 무시하고 그냥 올라가자니 다시는 없을 것 같은 기회가 너무 아쉽고 다시 내려가자니 엄두가 나지 않았다. 용기를 내어 남편에게 말했다.

"여보, 나 울산바위 꼭대기에서 첼로 연주 한번 해 보고 싶어."

그 말이 무슨 의미인지 남편은 바로 알아차렸다. 내려가서 첼로를 가져와 줬으면 좋겠다는 마음이었다. 남편의 얼굴이 굳어

지며 퉁명스레 말했다.

"다음에 하자."

"내 평생에 다시는 울산바위 못 올 것 같아."

남편은 잠시 고민하는 듯하더니 깊은 한숨을 쉰 후 메고 있던 배낭을 나에게 주면서 말했다.

"먼저 올라가 있어."

그리곤 뒤도 안 돌아보고 뛰어 내려갔다. 이미 굳힌 아내의 마음을 돌이킬 수 없다는 것을 감지했던 것 같다.

나는 먼저 정상으로 올라가 기다렸다. 잠시 후 땀을 식히며 주변 풍광을 바라보고 있는데 사람들의 웅성거림이 들렸다. 첼로를 메고 힘겹게 계단을 오르는 남편의 모습을 본 감탄이었다.

심지어 내 스승님도 그 광경이 신기했는지 첼로를 메고 오는 남편의 모습을 핸드폰으로 촬영하며 인터뷰까지 하셨다. 결국 남편은 3시간에 걸쳐 첼로를 정상까지 가져왔다. 그 순간의 감격과 고마움은 말로 표현할 수 없었다.

첼로를 메고 등산하는 남편

그래, 난 노란 튤립 첼리스트야!

나는 적당히 너른 바위에 앉아 연주를 시작했다. 정상엔 이미 건강을 위해 산을 오른 사람들이 많았다. 그들에게 도움이 되고 싶었다. 이토록 아름다운 풍광을 보며 감탄할 때 첼로의 선율이 더해지면 암세포가 소멸될 것이라 생각했다. 이럴 때는 화려한 기교를 뽐내는 클래식곡 대신에 사람들에게 익숙한 곡, 누구나 알고 있는 쉬운 곡이 좋다. 그런 곡을 연주하면 어떤 이는 가족을 그리워하며 눈물을 흘리고 경쾌한 곡이 나오면 리듬에 몸을 맡긴다. 그 누구도 강요하지 않는다. 그저 음악의 흐름에 몸을 맡기면 그만이었다.

사람들이 내가 연주하는 첼로의 선율에 함께 울고, 웃고, 춤추는 모습을 보며 내 마음도 행복으로 가득 찼다. 바람이 다소 세게 부는 바위산 정상이라 첼로 활을 떨어뜨리진 않을까 하는 트라우마가 살짝 올라왔지만 마음을 다잡고 연주하였다. 그리고 뿌듯해졌다.

'설악산 울산바위 꼭대기에서 첼로를 연주한 미친 사람은 아마 나밖에 없을 거야.'

아무도 하지 못한 일을 해낸 나 자신이 자랑스러웠다. 혼자서는 불가능했을 것이다. 나의 즉흥적인 생각, 남들이 들으면 미쳤다고 할 생각을 무시하지 않고 그것을 실행으로 옮길 수 있도록 고생을 자처해 준 남편이 있었기에 가능했다. 나를 과시하려는 욕심이었다면 불가능했을 것이다. 그저 많은 환자에게 치료의 효과가 극대화되기를 바라는 마음, 무엇이라도 도움이 되었으면 하는 마음뿐이었다.

인생에서 가장 중요한 것은 좋은 사람과 함께하는 것이다. 혼자서는 위대한 일을 해낼 수 없다. 좋은 환경과 좋은 사람이 필요하다. 그런 환경과 사람을 곁에 두기 위해서는 먼저 내가 그런 사람이 되어야 한다.

설악산 울산바위에서 연주

내가 대단한 사람이 되고 좋은 사람이 되면 좋은 에너지를 가진 좋은 사람들이 내 옆으로 온다. 그것을 매력이라고 한다. 그매력의 단위가 크고 높아지면 포스라고 하고 아우라라고 한다.

이 질문을 통해 당신의 삶을 되돌아보고
그 기억과 생각을 바탕으로 답할 때 그 모든 답이
당신 인생의 글감과 미래에 쓰일 당신의 책으로 연결되었으면 좋겠습니다.

⚜ 나를 치유하는 질문

1. 울산바위 첼로 연주처럼 도전해 보고 싶은 나만의 특별한 꿈은 무엇인가?

2. 그 꿈을 이루기 위해 나를 도와줄 수 있는 사람은 누구인가?

3. 좋은 사람들을 끌어들이기 위해 갖추어야 할 자질은 무엇인가?

⚜ 내 인생의 킥

"혼자서는 한 걸음 갈 수 있지만 함께라면 천 리를 갈 수 있다. 그러나
좋은 동행을 만나기 위해서는 먼저 내가 좋은 동행이 되어야 한다."

내가 나에게
해주고 싶은 말

그래, 난 노란 튤립 첼리스트야!

부정적인 생각도
반박으로 물리친다고?

　나는 한동안 내가 살아온 이야기를 음악 안에 넣는다는 것을 누구한테도 얘기하지 않았다. 교수님께는 더더욱 말할 수 없었다. 틀렸다고, 그렇게 하면 안 된다고 말할 것 같았다. 그저 나만의 비밀로 그 무대를 계속 만들어냈다. 연주하는 내내 그 스토리를 놓치지 않으려고 했지만 어느 누구도 그것을 모르는 상황이었다. 그런데 연주를 마치자 교수님이 내게 놀라운 말씀을 해주셨다.

　"네 연주에서 뭔가 새로운 것을 발견했어. 너의 연주에서 기도하는 사람이 느껴졌어."

　아직껏 단 한 번도 그런 이야기를 들은 적이 없었다. 내가 실제로 어떤 스토리를 염두에 두고 연주를 하긴 했지만 그것을 간파해 내는 사람은 없었다. 그 순간 내가 하는 일이 틀린 건 아니라는 가능성을 발견했다. 앞으로도 이렇게 연주한다면 사람들에겐 하나의 이야기가 각인될 것이라는 생각과 나만의 색깔을 내는 아주 특별한 작품이 될 거라고 확신했다.

우리는 살면서 다수가 옳다고 말하는 것이 다 맞는 것은 아니라는 것을 알 필요가 있다. 다수가 말한다고, 어른들이 말한다고, 학자나 전문가가 말한다고, 포털 사이트나 AI가 말한다고 다 진리는 아니다. 사실, 우리 주변에는 규격화되고 획일화된 것이 너무 많다. 특히 인생과 관련해서는 더더욱 그렇다. 학교에선 빨간 튤립으로 살아야 성공할 수 있다고 말한다. 사회에선 어떻게 해야 부자가 된다고 말한다. 그리고 그런 통념과 획일화된 생각에서 벗어나면 문제라고 쉽게 단정 짓는다. 회사에선 주어진 매뉴얼대로 일하지 않으면 직장을 잃기도 한다.

하지만 각각의 사람에겐 각자의 방법, 각자의 강점, 남들이 갖지 못한 고유의 강점이 있다. 그 독특함이 더 큰 매력이 된다. 문제를 해결해 가는 자신만의 방법이 분명히 존재한다. 그것들을 하나라도 놓치지 않았으면 좋겠다.

그걸 찾는 방법은 무엇일까? 예전의 나는 자존감이 너무 낮다 보니 늘 부정적인 생각에 지배당했었다.

'이렇게 하는 너는 안 돼.'

'이렇게 하면 분명히 사람들이 욕할 거야.'

'이건 사람들이 좋아하지 않을 거야.'

그러다 문득 그런 내면의 목소리는 진리가 아니라 나를 속이는 목소리라는 생각이 들었다. 정말 그것은 나의 낮은 자존감이 만들어낸 거짓말이었고 나는 그 말에 속고 있었던 것이다.

그때부터 나는 그런 생각이 올라올 때면 속으로 말하지 않고 목소리를 내서 이렇게 말했다.

"꺼져! 네 목소리 듣고 싶지 않아!"

그렇게 외치자 신기하게도 부정적인 생각이 줄어들었고 이내 사라졌다. 그리고 그 목소리 대신 다른 목소리를 들을 수 있는 귀가 열렸다. 진정으로 나 자신에 대해 생각한다는 것은 부정적인 소리에 귀 기울이는 것이 아니라 긍정적인 소리에 귀 기울이는 연습을 하는 것이다. 부정 스위치를 끄고 긍정 스위치를 켜는 것이다. 세상의 목소리, 선생님과 부모님의 말씀은 참고하되 그것이 다 옳은 것은 아니니 때론 거절할 지혜와 용기가 필요하다.

요즘에 연예인이나 젊은 사람이 자살하는 경우가 많은데 그것은 계속 부정의 소리를 듣고, 자신을 계속 학대하고, 사회적 평균 기준에 맞추려고 노력하다가 지치기 때문이다. 하지만 사실 사람은 그 자체만으로 빛나고 소중하며, 분명히 어떤 쓰임새가 있다. 단지 어떤 기준에 맞지 않는다고 해서 문제가 있는 것은 아니다.

심리학에선 생각을 바꾸는 치료법을 인지치료라고 한다. 인지치료의 창시자 앨버트 엘리스(Albert Ellis)는 사람들이 어떤 감정을 경험할 때 그 감정이 '사건' 자체가 아니라 그 사건에 대한 부정적 믿음(Belief) 때문에 생긴다고 보았다. 이에 그는

ABCDE치료법을 제시하였다. 이 기법은 문제 상황에 대한 비합리적 사고를 찾아내고 교정하는 인지 재구성 기법이다.

A: Activating Event(촉발 사건)-부정적 감정이나 행동을 유발한 실제 사건

B: Belief(신념)-그 사건에 대해 내가 갖고 있는 생각, 해석, 믿음

C: Consequence(결과)-그 생각 때문에 생긴 감정과 행동

D: Disputation(반박)-비합리적인 신념에 이성적으로 이의를 제기

E: Effect(새로운 효과)-더 건강하고 합리적인 감정과 행동의 변화

예를 들어 설명하면 이렇다. 학교에서 발표 중 실수를 했다고 가정하자.

A - 발표하다가 말을 더듬었다.

B - 아이들이 나를 비웃을 것이고 난 창피해 죽을 거야.

C - 수치심에 얼굴이 붉어지고 다시 발표하길 꺼림

D - "정말 모두가 날 무능하게 봤을까?"

"내가 말을 더듬었다고 해서 내 능력 전체가 부정되는 건 아니야."

E - 조금 창피했지만 괜찮아. 다음에는 더 잘할 수 있어.

⇨ 불안 완화, 발표에 대한 자신감 회복

이 질문을 통해 당신의 삶을 되돌아보고
그 기억과 생각을 바탕으로 답할 때 그 모든 답이
당신 인생의 글감과 미래에 쓰일 당신의 책으로 연결되었으면 좋겠습니다.

✤ 나를 치유하는 질문

1. 나의 내면에서 들리는 부정적인 목소리는 어떤 말을 하고 있는가?

_____

_____

_____

2. 그 목소리를 멈추게 하기 위해 나는 어떤 말을 할 수 있을까?

_____

_____

_____

✤ 내 인생의 킥

"네 안의 부정적인 목소리에 '멈춰'라고 말할 때, 진정한 너의 여정
이 시작된다. 너는 그 자체로 충분히 빛나고 소중하다. 모두가 가는
길이 아닌, 네가 가야 할 길을 찾는 용기를 가져라."

내가 나에게
해주고 싶은 말

_____

그래, 난 노란 튤립 첼리스트야!

제3장

인생 최고의 대학원은 고난?

자연을
거스르지 말라고?

　내가 대체의학에 관심을 갖게 된 계기는 아버지의 직장암 진단이었다. 결혼은 했지만 아기는 아직 없던 때였다. 아버지의 암 진단 소식은 하늘이 무너지는 것 같았다. 사랑하는 아버지가 암으로 세상을 떠날 수도 있다는 사실은 생각만으로도 힘겨웠다. 어떻게든 아버지를 치료해야 했고 치료의 방편으로 긍정 에너지를 많이 전달해야 했다. 그 방법 중 하나가 손주를 안겨 주는 것이었다.

　놀랍게도 그 생각을 했을 시기에 이미 배 속에 아이가 자리 잡고 있다는 것을 알았다. 태명을 '치유'로 지었다. 할아버지의 완벽한 치유를 입증해 주는 증거로 주신 아기라고 믿었다. 그리고 정말 아버지는 대체의학과 자연치유의 과정을 통해 병원의 항암 치료 없이 암을 이겨내고 완치 판정을 받았다.

　아버지의 투병과 치유 과정을 보면서 계속 머릿속엔 몇 가지 생각이 맴돌았다. 도대체 암이라는 게 무엇일까? 건강이란 무엇일까? 무엇이 사람을 죽이는 것일까? 특히 그때는 고모부가 위

암 수술받은 후 세상을 떠난 직후였기에 질병으로 사람이 죽고 사는 이유에 대해 더 깊이 알고 싶었다. 그러던 중 대체의학자인 백용학이라는 독특한 스승을 만나게 되었고 그의 지도 아래 40시간 이상의 건강 공부를 하며 다양한 건강 분야를 접하게 되었다. 나를 설악산으로 부른 사람이 그분이었다.

그중 가장 흥미로웠던 것은 자연 출산이었다. 출산(出産)과 분만(分娩)이 다르다는 것을 알게 되었다. 출산은 아이와 엄마가 주체가 되어 스스로 나오는 것이고 분만은 의사가 주체가 되어 엄마와 아이를 분리하는 것이다. 이러한 깨달음 후 의료 개입 없는 자연 출산, 특히 물속에서 아이를 낳고 싶다는 꿈을 갖게 되었다.

임신 10개월 동안 남편과 함께 출산에 대해, 자연치유에 대해 공부했다. 출산이 두려운 것이 아니라 여성만이 경험할 수 있는 특권이며 생명이 태어나는 것은 인위적인 개입 없이도 자연스럽게 일어난다는 것을 깨달았다. 아이가 스스로 나올 때까지 기다리기로 결심했다.

양수가 터진 날, 자연 출산 센터로 가서 물속에 몸을 담그고 기다렸다. 아이가 10개월 동안 양수 속에서 지냈기 때문에 물속에서 출산하면 아이에게 스트레스가 덜할 것이라 생각했다. 밝은 수술실보다 어두운 물속에서 조용히 아이를 맞이하고 싶었다.

친정어머니는 차분히 이 모든 과정을 촬영해 주셨고 남편은 물속에서 나를 계속 응원했다.

"우리는 행복한 곳에 놀러 온 거야. 행복한 순간을 맞이하러 온 거야."

남편은 내가 힘들 때마다 물을 마시게 해주고 간식을 주며 최고로 위대한 일을 하고 있다며 다독여 주었다. 그런 남편의 모습을 보며 이런 사람이라면 평생을 함께할 수 있겠다는 확신이 들었다.

곧 신호가 오기 시작했고 딱딱하고 묵직한 무언가가 나오기 시작했다. 다른 의료 환경이라면 모든 의료진이 긴장하고 달려들었겠지만 자연 출산 센터의 원장님은 조용히 아이가 나오고 있는 과정을 지켜보기만 했다. 그것이 자연 출산의 취지였다. 아이가 원하는 시기에 원하는 방법으로 태어나도록 하는 것이었다.

수축과 이완을 반복하며 아이는 계속 간을 보는 듯했다. 죽을 것 같은 통증이 오다가 언제 그랬냐는 듯 사라짐을 반복하니 마침내 아이 머리가 보이기 시작하고 드디어 머리가 나오니 선생님이 살짝 어깨를 돌려주자 아이가 물 밖으로 튀어나왔다. 출산 후 모든 통증이 끝나는 기쁨과 동시에 우렁찬 아기의 울음이 시작되었다. 물속에 나와 함께 있던 남편도 감정이 북받쳐 오는지 눈물을 흘렸다. 울던 아기를 내 가슴 위에 올리자 이내 울음을 그치고 조용해졌다. 엄마의 심장 소리를 듣고 안정을 찾더니 이내 잠이 들었다.

놀랍게도 의료진들은 우리 가족만의 시간을 주기 위해 자리를 비워주었다. 남편은 미리 써놓은 편지를 아기에게 읽어주었다.

"아빠가 너의 가장 좋은 친구가 되어줄게. 우리 가족으로 태어나줘서 고마워."

30분 정도 따뜻한 물속에서 시간을 보내며 태맥이 끊기기를 기다렸고 그 후에야 남편이 탯줄을 잘랐다.

함께 출산의 경험을 한 남편은 육아에도 전적으로 도움을 주었다. 출산의 고통은 여자만의 것이 아니라 남편도 함께할 수 있다는 것을 깨달았다. 둘째도 같은 방식으로 물속에서 출산의 기쁨을 맛보았다.

그 후 여동생이 첫 아이를 낳을 때 자연 출산한 언니처럼 아이를 낳고 싶으니 자신의 곁에 있어 달라고 부탁했다. 덕분에 내가 출산할 때는 통증으로 정신이 없어서 보지 못했던 출산의 장면을 직접 목격할 수 있었다. 사랑하는 첫 조카가 태어나는 모습을 지켜보는 것은 경이로움 그 자체였다. 이 경험으로 내가 또 아이를 갖는다면 집에서 아이를 출산하고 싶다는 꿈이 생겼다. 그러나 나에게 아직 세 번째 출산은 오지 않는다.

여동생이 둘째 아이를 출산할 무렵에 나는 그 피아니스트 여동생과 동반 연주를 했다. 공연 중에 농담 반 진담 반으로 "만

삭이라 연주 중에 아기가 나올 수도 있다"고 말하며 웃는 포인트를 만들어냈는데 공연 이틀 후 정말 출산 징후가 보였다. 자연출산센터에 데려가려던 중 동생이 못 가겠다고 했고 확인해보니 이미 아이의 머리가 나오고 있었다.

119에 연락은 했지만 바로 의료진을 부를 시간도 없었다. 내가 직접 아이를 받기 시작했다. 산모가 몸을 반쯤 엎드린 자세로 있으니 중력으로 빠르게 아이의 머리가 나오고 몸이 쏟아져 나왔다. 아이를 받아들고 있으니 당황해서 아무 생각도 안 났다. 그저 어떻게든 아기를 따뜻하게 해주어야 한다는 원칙만 떠올리고 있는데 동생은 이미 준비가 되어 있었다. 어느새 동생이 누워서 옷을 올리고 맨살에 가슴을 열고 아이를 심장 가까운 곳으로 받을 준비를 하며 "언니, 아기 이리 줘."라고 말했다. 아기를 품에 안자 아기의 울음은 안정을 찾았고 태반까지 모두 내 손으로 처리하고 나니 119구급대원이 도착했다.

처음에는 두려웠지만 이렇게 경이로운 순간을 직접 경험할 수 있었다는 것이 감사했다. 또 다른 꿈이었던 집에서 출산하기가 얼떨결에 이루어진 것이다. 생명의 신비로움, 자연의 신비로움은 인간이 거스를 수 없다. 우리가 모든 것을 통제하려고 하지만 아이는 태어날 때가 되면 스스로 나올 길을 안다. 그것이 자연의 섭리다. 자연을 해치거나 섭리를 거스르려는 시도는 결국 신이 되려는 욕심에서 비롯된 것이 아닐까.

그래, 난 노란 튤립 첼리스트야!

이 질문을 통해 당신의 삶을 되돌아보고
그 기억과 생각을 바탕으로 답할 때 그 모든 답이
당신 인생의 글감과 미래에 쓰일 당신의 책으로 연결되었으면 좋겠습니다.

✢ 나를 치유하는 질문

1. 모든 생명체는 스스로 치유하는 능력을 가지고 있음을 알고 있는가?

---

2. 나는 생명체를 만들어 낼 수 있는 내 몸을 소중히 여기고 있는가?

✢ 내 인생의 킥

"생명은 우리의 계획보다 위대하다. 때로는 통제하기보다 흐름을
따르는 것이 더 큰 지혜다."

내가 나에게
해주고 싶은 말

그래, 난 노란 튤립 첼리스트야!

주면 줄수록
더 많이 받게 된다고?

코로나로 인한 팬데믹이 시작되었을 때 나의 모든 무대가 닫혔다. 첼리스트로서 간신히 잡아두었던 몇 번의 연주 기회마저 모두 놓치게 되었을 때 나는 깊은 좌절감에 빠졌다.

'이렇게 또 내 길이 막히는구나….'

망연자실한 채로 주저앉고 보니 도대체 뭘 해야 할지 모르겠고 울음조차 나오지 않는 상황이었다. 그러던 중 학교 큰 강당에서 연주하기로 했던 일정이 취소되었다. 학교 담당자가 미안한 목소리로 전했다.

"선생님, 저희가 팬데믹 때문에 체육관에서 공연할 수 없게 되었습니다."

'또 하나의 공연 일정이 취소되는구나' 생각하고 있는데, 뜻밖의 제안이 이어졌다.

"선생님, 저희가 전교생을 앉혀놓고 공연하는 것은 불가능하니 각 반에 들어가서 연주해 주시겠어요? 그만큼의 수고비를 더 드리겠습니다."

그때부터 나는 교실에서 연주하기 시작했다. 사실 어떤 연주자도 교실과 같은 공간에서 아무런 준비 없이 연주하고 싶어 하지 않는다. 음향 시설도 제대로 갖춰져 있지 않고 무대도 없는 공간이기 때문에 소리가 어떻게 날지 모르는 상황에서 연주하는 것을 꺼린다. 그런데도 나는 교실과 교무실, 시청각실과 도서실을 가리지 않고 연주하기 시작했다.

그 일 이후 나는 연주자로서의 묵은 생각을 바꿨다. 불러주는 무대만이 아니라 연주할 무대를 내가 직접 만들겠다고 말이다. 거기에 내 또라이 기질도 첨부해서 그때부터는 캠핑장에서도 연주하고, 숲속에서도 연주하고, 바닷가에서도 연주하고, 식당과 카페에서 연주하고, 심지어 장례식장과 병원에서도 연주했다. 아무데서나 서슴없이 악기를 꺼내 들었다. 그렇게 하다 보니 상상치 못할 곳에서도 연주하게 되었다. 달리는 배 위에서, 또 기차 위에서까지. 그러다 보니 생각지도 못한 인연을 만나게 되었는데 그 만남이 얼마나 소중하고 아름다운지 모른다.

어느 날은 전북 무안에 갔는데, 그곳의 유명한 기절낙지 전문 식당에서 식사를 했다. 낙지 요리가 너무 맛있어서 감탄하다가 사장님께 연주곡을 선물로 드리고픈 충동이 생겼다. 그러나 선뜻 나서기가 꺼려졌다. 이런 곳에서 연주한다는 나를 부담스러워 할 수도 있고 괜한 짓을 했다는 후회가 있을 수도 있고 온 손님들에게 민폐가 안 된다는 보장도 없었다. 그러나 나는 보답

그래, 난 노란 튤립 첼리스트야!

의 차원에서 그저 주고 싶다는 마음으로 용기를 냈다. 혹시라도 생길 거절의 상처보다 그런 마음을 실천하려는 나의 용기에 점수를 더 주기로 했다.

"사장님, 기절 낙지가 이렇게 기절해 있는 것 자체가 엄청난 기술인 것 같아요. 저도 제가 드릴 수 있는 기술을 선물로 드리고 싶어요."

연주를 들은 사장님이 고마워하면서 이렇게 말했다.

"아니, 이 고급 연주를 이런 식당에서 하셔도 되는 건가요? 제가 식당 연 이후 이런 날은 처음입니다. 고맙습니다. 평생 잊지 못할 추억이 될 것 같습니다."

캠핑장에서 연주할 때는 많은 캠퍼가 즐거워했고, 감동한 캠핑장 사장님이 다가와서 평생 무한 출입증을 주면서 말했다.

"선생님, 우리 캠핑장엔 언제든 마음 놓고 오세요."

그 말을 들으며 이런 보람은 돈으로 살 수 없는 것이라는 것을 느꼈다.

또 다른 날, 전라도 보성에서 흑염소탕을 먹다가 그 맛에 감동했다. 사장님이 지역에서 귀한 일을 하신다는 이야기를 듣고 만나보고 싶었는데 마침 사장님이 들어오셨다.

"사장님, 염소탕이 너무 맛있어요. 그리고 사장님은 엄청 대단한 일을 하신다면서요. 그런 사장님께 제가 연주 한 곡 선물로 드릴게요."

어디에서든지 연주

그렇게 흑염소탕집 주차장에 앉아서 연주를 시작했다. 사장님은 감동받아 울먹이셨고, 놀랍게도 그분이 광주 지역에서 영향력 있는 지역 유지여서 그때부터 전라도 광주의 많은 교회와 단체로부터 연주 초청을 받게 되었다.

연주로 돈을 벌려는 것이 아니었다. 그저 연주를 선물로 드리겠다는 마음이 사람들의 마음을 움직여 더 큰 무대를 만드는 계기가 되었다. 가만히 있으면 나에게 무대가 주어지지 않는다는 것을 깨달았다. 내가 계속 누군가에게 귀한 것을 주고 싶은 마음이 있을 때 그 마음에 감동해서 일할 기회가 주어진다는

그래, 난 노란 튤립 첼리스트야!

것을 경험으로 알게 되었다.

진정한 연주자란 세팅된 무대에만 서는 것이 아니라 스스로 무대를 만드는 사람이다. 나는 무대를 만드는 사람이며 이것이 바로 주도성이다. 내 무대는 내가 스스로 만든다. 코로나가 없었다면 아마도 음향 설비가 잘된 정해진 장소에서만 연주했을 것이다. 하지만 모든 것이 막혀 있는 상황에서 나는 먹히는 방법을 찾아 위기를 탈출했다.

내가 얻은 좋은 것에 대한 감사의 보답으로 나의 가장 가치 있는 것을 제공했을 뿐인데 오히려 더 많은 기회와 보상이 따라왔다. 이는 '기버의 법칙'과 같다. 기버의 법칙은 밥 버그(Bob Burg)의 『The GoGiver』 핵심 원칙으로 주는 사람이 더 성공한다는 가르침을 담고 있다. 기버가 되려면 내 것을 먼저 주면 된다. 대접받고 싶은 대로 대접하라는 황금률을 실천하라. 대가를 바라지 않고 먼저 주면 된다. 내가 원한다면 내가 먼저 찾아가야 하고 내가 먼저 들이대야 한다. 그렇게 계속 무모하게 들이대다 보면 그것이 얼마나 가치 있는 무대를 만들게 되는지 느끼게 될 것이다.

나의 이런 주도성은 오랜 유학 생활에서 비롯되었다. 아무도 나를 바라봐주지 않고, 기회도 주지 않고, 옆에서 부모나 친구 역할을 해줄 사람이 없는 상황에서 살아남기 위해서는 반드시 가져야 할 속성이었다. 나아가 사랑받는 존재가 되기 위해선 더

들이대야만 가능하다는 것을 러시아에서 깨달았다. 생존하기 위해 생긴 주도성이었다. 그렇지 않으면 사랑받을 수 없고 기회를 얻을 수 없으며 살아남을 수 없다는 절박함이 가져온 결과였다.

이 질문을 통해 당신의 삶을 되돌아보고
그 기억과 생각을 바탕으로 답할 때 그 모든 답이
당신 인생의 글감과 미래에 쓰일 당신의 책으로 연결되었으면 좋겠습니다.

⚜ 나를 치유하는 질문

1. 나는 기회가 올 때까지 기다리고 있는가, 아니면 직접 기회를 만들고 있는가?

....

....

....

2. 내가 다른 사람들에게 선물할 수 있는 재능은 무엇인가?

....

....

....

3. 최근 들이대기를 해서 얻었던 유익은 무엇인가?

....

....

....

⚜ 내 인생의 킥

"무대는 주어지는 것이 아니라 만들어가는 것이다. 먼저 주는 자에
게 더 큰 기회가 찾아온다."

내가 나에게
해주고 싶은 말

그래, 난 노란 튤립 첼리스트야!

사기(詐欺)를 당해도
사기(士氣)를 잃지 말라고?

사기를 당한다는 게 어떤 느낌인지 아는가? 사기당한 금액이 1억이라는 큰돈이라면? 아마 여러분은 상상조차 하지 못할 것이다. 하지만 내게는 실제로 일어났던 일이다. 그것은 4~5년 동안 알고 지내던 사업가와의 일이었다. 그는 많은 사람을 돕는 모습을 보여주었고 우리 아버지에게도 많은 위로와 후원을 해주었다. 나는 그런 그를 신뢰했다.

어느 날 그는 내게 제안했다. 내가 하려는 사업과 연관이 되는 일이니 대신 결제해달라는 것이었다. 처음에는 작은 금액으로 시작했지만 점점 금액이 커지더니 결국 6개월에 걸쳐 갚아야 하는 금액이 1억 원이 되어버렸다. 사기라고 인정하고 싶지 않았지만 피해자가 많다는 것을 알게 되었다.

"제가 꼭 갚겠습니다."

그는 그렇게 나를 안심시키는 말을 하며 계속 내 곁에 있었지만 이미 많은 사람이 그에게 사기를 당해 고소한 상황이었다. 그렇지만 나는 그를 고소하지 않기로 했다. 고소하면 거기에 시간과 에너지를 소비해야 하는데, 나는 당장 일을 해서 돈을 만들어내야 한다는 생각이 앞섰다. 당장 쏟아지는 카드빚을 갚으려면 누구를 원망할 시간이 없었다. 하지만 이런 결정 때문에 많은 의심까지 받았다.

"너도 한패 아니냐? 왜 고소하지 않느냐?"

더 큰 문제는 모든 소문이 유언비어가 되어 주변에 퍼졌다는 것이다.

"이혜린이 사기에 동참시켰다더라.", "투자를 했더라.", "남들에게 피해를 줬더라." 등 온갖 말이 난무했다. 이것은 사기를 당한 것보다 더 큰 상처였다. 아무도 없는 교회 본당에서 밤 12시가 되도록 거의 두 달 동안 울었다. 왜 나에게 이런 일이 생기는 걸까? 나는 신앙을 잘 지키고 사람들을 도우며 살았는데... 한탄했다.

그때 남편이 내 이름을 부르며 말했다.

"혜린아, 어느 누구도 원망하지 말고 우리 다시 시작하자. 우리 다시 시작하면 할 수 있어."

부부간에 무슨 문제가 생기면 상대방을 탓하기 십상인데 남편은 그러지 않았다. 내 탓을 해도 한참을 했어야 할 남편이 도리어 나를 따뜻하게 위로하고 격려해 주었기에 나는 일어설 용기를 얻었다. 우리는 집을 내놓고 가진 모든 것을 현금화하며 빚을 갚기 시작했다. 내게 있는 것 중 첼로 외에 돈이 될 수 있

그래, 난 노란 튤립 첼리스트야!

는 것은 다 팔기 시작했다. 그리고 놀라운 일이 일어났다. 우리가 다시 해보겠노라고 결심하자 일거리가 밀려들기 시작한 것이다. 한 달에 1,500만 원에서 1,700만 원이 넘는 수입이 생겼다. 있을 수 없는 일이었다. 도대체 어디서 나를 알고 찾게 되었는지 모를 정도로 첼로 연주를 의뢰해 왔다. 남편에겐 또 다른 프로젝트 기회도 왔다. 그래서 그때부터 남편 없이 혼자 연주 자리에 서게 되었다. 단 하루도 쉬지 않고 하루에 네 번까지도 연주하며 이전에 경험하지 못했던 빡센 스케줄을 감당해 냈다. 그때 알았다. 나에겐 그만큼 연주해 낼 수 있는 초능력이 있다는 것을...

좌절의 바닥에서 허우적거릴 때 첼로라는 악기가 아직 내게 있다는 것을 깨달았다. 무대에 서면 사기당해 우울하고 힘들었던 감정은 사라지고, 음악을 연주하며 즐기는 내 모습을 발견했다. 마치 내 인생 롤 모델인 이순신 장군이 "우리에게는 아직 열두 척의 배가 남아 있다"고 했던 것처럼... 그래서 계속해서 무대를 찾았다. 돈을 주든 주지 않든, 누가 부르든 부르지 않든, 어디든 흔쾌히 연주했다. 그러자 그 연주가 또 다른 일거리로 연결되기 시작했다.

꼬박 1년을 쉬지 않고 달려 드디어 급한 빚을 해결했다. 최선을 다했지만 남는 것 하나 없는 대장정이었다. 그 후 긴장이 풀리니 몸이 축 늘어져 아프기 시작했다. 예전과 다르게 몸의 회복이 더딘 내 모습을 보며 이제 무대를 서지 못하면 어쩌나 하는 두려움이 덜컥 들었다. 그때 또 깨달았다. 아무리 돈을 많이 벌어도 건강을 잃으면 의미가 없다는 것을. 그래서 산에 오르고 건강을 챙기고 운동을 하고 영양제를 먹기 시작했다.

이 경험은 나에게 놀라운 능력이 있다는 것을 보여주었다. 이만큼 일을 해낼 수 있고 무리한 일정도 소화해 낼 수 있으며, 어려운 연주도 해낼 수 있는 사람이라는 것을 새삼 확인시켜주었다. 그렇게 나는 고통 속에서 벗어나는 방법을 찾아냈다.

가장 큰 감동은 두 아이의 반응이었다. 열한 살, 열네 살 아들 둘에게 사기를 당한 사실을 조심스럽게 이야기했더니 아이들이 현금 100만 원을 건네주었다. 자신들의 용돈을 모아둔 것이었다.

"엄마, 걱정하지 마. 내가 지금 배우고 있는 대금을 사람들 앞에서 더 불어서 돈을 더 많이 만들어 볼게. 엄마 내가 뭐든 도와줄게."

우리 가족은 함께 울었다. 아이들은 그때부터 떡볶이, 치킨 같은 것도 참고 절약하기 시작했다. 집을 내놓았으니 더 싼 집으로 이사해야 했는데, 첼로 연주를 선물로 드렸던 조명시공 사장님이 조명을 싹 다 바꿔주어 오히려 더 고급스러운 집이 되었다. 게다가 해가 잘 드는 집이었다. 결국 더 저렴한 집에 더 좋은 환경에서 살게 된 것이다.

1억이라는 돈은 잃었지만 대신에 얻은 것이 너무 많았다. 그것은 엄청난 행복과 자긍심, 내 가족, 그리고 내가 얼마나 대단한 일을 할 수 있는 사람인지에 대한 자기효능감을 높이는 계기가 되었다.

이 질문을 통해 당신의 삶을 되돌아보고
그 기억과 생각을 바탕으로 답할 때 그 모든 답이
당신 인생의 글감과 미래에 쓰일 당신의 책으로 연결되었으면 좋겠습니다.

✤ 나를 치유하는 질문

1. 하늘이 무너져도 솟아날 구멍이 있다는 속담은 무슨 뜻일까?

----

2. 위기 상황에서 자신의 숨겨진 능력을 발견한 경험이 있는가?

----

3. 가족의 지지가 어려운 시간을 극복하는 데 어떤 영향을 미쳤는가?

----

4. 물질적 손실이 오히려 정신적, 정서적 성장의 기회가 된 적이 있는가?

✤ 내 인생의 킥

"죽을 것같이 힘든 것은 또 하나의 기회가 시작되는 시발점이다."

그래, 난 노란 튤립 첼리스트야!

내가 나에게
해주고 싶은 말

버킷 리스트를 만들면
인생이 달라진다고?

누구나 어릴 적에 한 번쯤은 주변 사람들로부터 이런 질문을 받아본 적이 있을 것이다.

"너 커서 뭐 될 거야?"

많은 사람이 이 질문에 직업으로 대답한다. 의사, 선생님, 개발자… 하지만 이 질문은 질문부터가 잘못되었다.

"너 커서 어떤 사람이 될 거야?"

이렇게 물었어야 했다. 그 질문이 우선되면 거기에 따른 직업은 따라오기 마련이다. 나는 수많은 청소년을 살려내는 사람이 되고 싶었다. 그 덕분에 나는 여섯 개의 직업을 가진 사람이 되었다. 첼리스트, 강사, 작가, 연구원, 기획자 그리고 회사 대표다. 어떻게 이렇게 다양한 직업을 가질 수 있게 되었을까?

많은 사람이 나에게 어떻게 그렇게 많은 일을 해낼 수 있냐고 묻는다. 솔직히 말하자면 나는 어려운 일은 피하는 편이다. 그저 내가 할 수 있는 일과 하고 싶은 일을 하려고 노력한다. 호기심이 많다 보니 이것저것 기웃거리게 되었고 그것들이 모여 지금의 나를 만들었을 뿐이다.

사실 나의 다양한 활동에는 무의식적 이유가 있었다. 첼리스트로서 정상에 오르지 못할 것이라는 불안감 때문이었다.

"너는 이것도 할 수 있는 사람이야, 저것도 할 수 있는 사람이야."

이런 칭찬을 들으면 첼리스트로서 부족한 부분이 채워지는 것 같이 느껴졌다. 그런데 시간이 지나며 오히려 첼로라는 도구를 통해 더 다양한 일을 할 수 있다는 것을 깨달았다. 처음에는 내가 누구인지 몰라 이것저것 시도했지만 지금 생각해 보니 15년 전부터 수첩 속에 적어 두었던 꿈들이 하나씩 실현되고 있었다. 그때는 무모해 보였던 꿈들이 어느새 일상이 되어 있었다. 내가 어떤 직업을 갖겠다고 한 것이 실현되었다기보다, 어떤 사람이 되겠다고 결심했던 나의 꿈 리스트가 결국 직업이란 열매로 드러났다.

'나는 이런 공연을 만들어보고 싶어.'

'책을 10권 쓰겠어.'

'이러이러한 기관에서 재능기부를 할 거야.'

'아주 특별한 강사가 될 거야.'

예전에는 그 꿈 리스트가 허황되고 사치스럽다고 생각했다. 하지만 지금은 다르게 느낀다. 그런 꿈이라도 꿈을 가지면 그 꿈은 언젠가는 실현된다는 것과 어떤 꿈이라도 갖지 않으면 이

뤄질 꿈이 없다는 것을 알게 되었다.

청소년들에게 이야기하고 싶다. "너 커서 뭐가 될래?"라는 어른들의 질문 따위는 깡그리 잊어버리고 "나 이런 사람이 될래!"라는 자신의 목표부터 정하라고. 그러니 직업은 몇 개씩 있어도 문제될 거 없다고, 수시로 바뀌어도 문제가 아니라고. 그리고 생각지도 못했던 신종 직업들이 생겨나고 그 직업에 적합한 사람으로 초청받게 될 것이라고. 그래서 그 직업의 선구자요 스타가 될 것이라고.

나는 엄연한 작가다. 나의 첫 번째 책은『좋아하는 일을 직업으로 만든 사람들의 이야기』다. 이 책도 우연히 시작되었다. 교수님께 "저는 책을 쓰는 꿈이 있어요."라고 한마디 던졌을 뿐인데 그것이 우리 융합교육연구소의 하나의 사업이 되었다. 내가 생각하는 책이란 오롯이 나 혼자만 쓴 책이었다. 그런데 이 책은 네 명의 저자가 옴니버스 형태로 하나의 책을 내는 일이었

좋아하는 일을 직업으로 만든 사람들의 이야기

다. 그래도 나는 책을 정식으로 출간한 저자가 되었다. 그 책을 낸 이후로 나는 온전히 나만의 책을 꿈꾸었고 드디어 이 책을 낼 수 있게 되었다.

인간이 할 수 있는 최고의 능력은 꿈을 꾸는 것이다. 강아지나 고양이는 이런 꿈을 꿀 수 없다. 꿈을 꾸지 않고 현실만 바라보면 인간도 그저 하나의 동물에 불과하다. 인간이 특별한 이유는 꿈을 꿀 수 있고, 희망을 품을 수 있고, 소망이 있기 때문이다.

꿈은 억지로라도 만들어내야 한다. 계속 꿈을 꾸다 보니 직업이 많아졌고, 앞으로도 새로운 직업이 계속 생길 것이라 믿는다. 나라는 사람을 멋있게 만들기 위해 주변에서 많은 사람이 도울 것이다. 그렇게 서로 돕고 꿈을 이루며 살아가는 것이 우리가 해야 할 몫이 아닐까?

그렇다면 이왕 사는 것 다양한 꿈을 가지고 살아보는 것도 좋지 않을까? 현실만 바라보는 것보다 '나 이런 것도 해볼 수 있지 않을까?', '이런 거 한번 도전해볼까?', '이게 가능하다면 나도 될까?'라는 생각을 하며 사는 것이 더 행복할 수 있다. 내가 꾼 꿈이 이뤄지지 않아도 좋다. 원래 여행의 즐거움은 여행 자체보다 여행을 기대하며 준비하는 그 시간에 있는 법이니까. 꿈은 이뤄져야 아름답다기보다 그 자체로 충분히 아름답다. 그리고 꿈을 꾸는 그 순간이야말로 행복의 시간이다.

이 책이 나오기까지 많이 행복했다. 책을 쓰기 위해 스폰서를 만나러 가는 길에 설렘도 있었다. 공저가 아니라 온전한 나만의 책이 나오는 청사진을 상상하는 것만으로도 흥분되었다. 독자들의 반응을 상상해보고 행복했다. 내 책을 읽은 청소년 중의 하나가 자기 인생을 바꾼 책이었다고 고백하는 상상을 하니 상상만으로도 감격의 눈물이 나온다.

꿈에 대해서만큼은 어떤 도덕적 가치도 부여하지 말자. 1억짜리 첼로를 갖고 싶다는 꿈도 허락해 주어라. 황당하고 엉뚱한 것도 허락해 주자. 그 꿈에 세금 내지 않는다.

이 질문을 통해 당신의 삶을 되돌아보고
그 기억과 생각을 바탕으로 답할 때 그 모든 답이
당신 인생의 글감과 미래에 쓰일 당신의 책으로 연결되었으면 좋겠습니다.

✤ 나를 치유하는 질문

1. 나의 직업은 돈을 버는 일인가? 하고 싶은 일을 하는 것인가?

---

2. 우연히 시작한 일이 의미 있는 결과로 이어진 일은 무엇인가?

---

3. 만약 지니가 나타나서 내 소원 3개를 말하라면 나는 무엇을 말할까?

✤ 내 인생의 킥

"살기 위해 직업을 구하는 게 아니라 내가 하고 싶은 일을 찾아가면
생각지도 못한 직업이 생긴다."

내가 나에게
해주고 싶은 말
_____

그래, 난 노란 튤립 첼리스트야!

세상에서 가장
힘겨운 청소년들 앞에 서게 해 달라고?

나는 청소년기에 엄청난 자기 부정과 싸워야 했던 사람이다. 죽어 마땅한 애, 실패해 마땅한 애, 최선을 다하지 못한 애라는 꼬리표를 달고 살았다. 유학 중에는 풍족한 사장 딸로 갔다가 돌아올 때는 가난한 목사의 딸이 되어 있었고, 공부하랴 돈 벌랴 너무 힘든 시간을 보냈다.

그때 문득 나보다 더 힘든 아이들이 있을 것이라는 생각이 들었다. 그래서 무심결에 이렇게 기도했다.

"하나님, 저로 하여금 저처럼 힘든 청소년들 앞에 설 수 있게 해 주세요."

놀랍게도 그 기도는 정확하고도 세밀하게, 내 생각보다 빨리 응답되었다. 마치 하나님이 내가 이렇게 기도하기를 기다렸다는 것처럼...

그렇게 나는 보호관찰 중인 아이들, 소년원생들, 교도소에 있는 청소년들, 특수학급의 장애 친구들, 맹학교 학생들까지 만나기 시작했다. 학교에서도 학력 최하위라며 힘든 아이들만 모아

둔 반에서 강의하게 되었다. 수업 시간에는 욕이 난무하고, 성희롱이 일상이며, 자신의 학교를 쓰레기 학교라고 부르는 아이들 앞에 섰다. "애들아, 들어보자. 앉아보자."라는 말은 통하지 않았다. 시각장애 학생들에게 PPT 강의는 할 수 없었고, 가만히 있지 못하고 뛰어다니는 아이들 앞에서 정상적인 수업은 불가능했다.

소년원에 갔을 때는 60여 명의 학생 중 40여 명이 용 문신을 하고 있었다. 어떤 아이는 문신으로 온 몸을 다 채웠고, 어떤 아이는 반만 채웠으며, 또 어떤 아이는 밑그림만 그려놓은 상태였다. 무서웠지만 강의는 해야 했다.

특수학교에서의 강연과 공연

이런 상황들이 나에게 엄청난 정신력과 창의적인 아이디어를 제공했다. 가장 힘든 아이들 앞에서 강의하다 보니 일반 청소년들 앞에서 강의하는 것은 두렵지 않았고, 어른들 앞에서 강의하는 것은 쉬웠으며, 노인들 앞에서는 편하게, 유치원생들 앞에서는 아이처럼 변신할 수 있게 되었다. 결국 유치원생부터 치매 어르신까지 모든 연령층을 아우를 수 있는 강사가 된 것이다.

소년원에서 용 문신을 한 40명의 아이들 앞에 섰을 때, 어디서 그런 용기가 났는지 모르겠지만 나는 농담을 던졌다.

"야, 너 이거 침 바르면 지워지지?"

"너 왜 여기 색칠하다 말았어?"

"너 누가 몸에 낙서하래?"

떨리는 마음으로 한 말이었지만 그 아이들이 마음의 문을 열었다. 그때부터 나는 아이들의 언어를 쓰기 시작했다. 전략적으로 거친 언어(속된 말로 입에 걸레를 물게 된 것)를 썼다.

이 아이들의 마음을 연 후, 전하고 싶었던 메시지는 이것이었다.

"애들아, 너희 학교 아무나 들어올 수 있니? 아니잖아. 대한민국에서 너희 학교에 들어올 수 있는 아이들은 몇 퍼센트나 될까? 1%도 안 돼. 너희들은 대한민국의 1%야. 그렇다면 너희들이 이 학교에서 나가서 정말 멋있는 일들을 한다면, 그 1% 중에서도 최상위권이 되는 거야. 너희들은 아무나 들어올 수 없는 학교로 들어왔어. 너는 유일해."

그런 이야기를 들은 아이들은 많이 울었다. 그리고 그들에게 꿈을 써보라고 했을 때는 내가 울었다. 이 아이들은 부모가 없거나 방치당했거나 억압된 채 살아왔다. 하지만 그들이 쓴 꿈은 이랬다. 할머니가 살 수 있는 집을 지어드리겠다, 어려운 학생들을 위한 시설을 만들겠다, 가족에게 좋은 아들이 되겠다는 것들이었다. 그때 깨달았다. 세상에 나쁜 청소년은 없다는 것을.

한 번은 '쓰레기들을 위한 학교'라고 불리는 곳에서 수업했다. 한 학생이 내내 심한 성희롱을 했다. 보통 여자 선생님들은 이런 상황을 견디지 못하지만 나는 이미 소년원, 교도소, 보호관찰소에서 강의한 경험이 있었기에 지지 않겠다고 결심했다.

그래서 그 아이에게 제안했다.

"너 성에 대해 굉장히 잘 아는 것 같은데, 15분 줄게. 네가 삶에서 경험한 성교육을 여기서 해봐."

그러고는 강사인 내가 그 학생의 자리에 앉았다. 놀랍게도 그 아이는 분필을 잡고 강의를 시작했다. 자신의 경험을 바탕으로 10분 동안 강의하고, 5분 동안 질문까지 받았다. 일반 교과목에서는 있을 수 없는 시간이다. 그 강의의 이야기는 수위가 장난이 아니었다. 어떠한 학생도 그 학생 강사의 수업 시간에 졸지 않았다.

15분이 지나고 나서 나는 아이를 치켜세워 주었다.

"자신의 경험에서 우러나온 강의를 해준 이 친구에게 박수 한 번 쳐주자. 너 진짜 대단한 강사다. 어떻게 질문까지 받을 생각을 했니?"

그 후로 그 아이는 내 보디가드가 되었고 수업을 방해하는 다른 아이들을 제지하며 내 수업을 도왔다.

"야, 조용히 해! 선생님 말씀하시잖아!"

나중에 그 아이가 연락해왔다.

"선생님, 저 끝까지 졸업 잘 했어요."

메시지와 함께 군복 입은 사진을 보내왔다. 그 감동은 이루 말할 수 없었다.

보통 여자 선생님들은 성희롱을 당하면 신고하거나, 수업을 포기하거나, 울거나 소리를 지른다. 나 또한 그랬을 것이다. 하지만 나는 그 아이들과 권투를 하기보다 유도를 하는 법을 익혔다. 유도는 상대방의 힘을 역이용하는 다양한 방법이 있다. 상대방이 기술을 거느라 힘을 쓸 때 몸을 살짝 비키고 다리만 살짝 걸어도 상대는 자기 힘 때문에 넘어진다. 내가 그런 지혜를 발휘했을 때 한 아이의 인생이 바뀌었다. 그래서 아이들을 가르치는 교사는 유능해야 한다. 유능한 교사라야 선생이 될 수 있고 그런 선생이어야 말 한마디로 사람을 살릴 수 있다.

이 질문을 통해 당신의 삶을 되돌아보고
그 기억과 생각을 바탕으로 답할 때 그 모든 답이
당신 인생의 글감과 미래에 쓰일 당신의 책으로 연결되었으면 좋겠습니다.

✤ 나를 치유하는 질문

1. 나는 어떤 어려움 속에서도 희망을 찾을 수 있는가?

....

....

....

2. 장점만 가진 사람, 단점만 가진 사람이 있을까?

....

....

....

3. 권투하듯 했던 싸움을 유도하듯 바꾸면 어떤 일이 생길까?

....

....

....

✤ 내 인생의 킥

"세상에 나쁜 청소년은 없다. 나쁜 청소년을 만드는 어른만 있을 뿐
이다."

내가 나에게
해주고 싶은 말

공부는
누구나 잘할 수 있다고?

젠장! 드디어 공부 이야기를 해야 할 때가 되었다. 결국 공부하라는 이야기를 하려고 앞에서 많은 말을 했단 말인가 반문하는 이도 있겠다. 맞다. 45명 중 40등을 했던 내가 유학을 가고 최연소 박사학위까지 취득할 수 있었던 것은 공부하는 방법을 뒤늦게나마 알았기 때문이고 또 내가 배웠던 방식과 다른 방식으로 가르침을 받았던 덕분이었다. 제대로 공부하게 되면서 나는 화가 났다. 공부하라는 말만 하지 말고 공부하는 법까지 알려주었다면 공부 못하는 아이로 남진 않았을 테니까. 그래서 나는 공부는 누구나 잘할 수 있다고 강조한다.

공부는 해야 한다. 공부하지 않고 얻을 수 있는 것은 그 어디에도 없다. 학창 시절은 인생을 준비하는 기간이다. 공부하지 않는다는 말은 준비한 것이 아무것도 없다는 말이다. 봄에 심은 것이 없는데 가을에 거둘 수 있을까? 다만, 나는 무작정 심지 말고 방법을 알고 심으라고 권한다. 똑같이 농사를 지어도 어떤 사람은 수확이 많고 어떤 이는 형편없다. 그것은 농사법의 차이에서 온다. 그처럼 공부법 차이가 성적의 좋고 나쁨을 가른다. 이런 말을 하니 짜증이 확 올라온다. 나도 나름 공부 열심히 했다고! 그런데 성적은 항상 바닥이었다고!

어쩌겠는가. 인생은 공부의 연속이다. 학교를 졸업한다고 공부가 끝나는 것은 아니다. 직업을 가지면 그 직업에 맞는 공부를 해야 한다. 자영업을 하더라도 성공하기 위해선 공부해야 한다. 작은 식당을 하더라도 자신만의 레시피 노트를 만들어서 비교하는 사장과 그냥 막연하게 식당을 운영하는 사람은 천지 차이다. 수많은 맛집의 주인공들은 죄다 공부하는 사람들이다. 이런 ○같은 사실이라니…

꼭 해야 할 공부라면 공부의 방법을 제대로 알아야 한다. 똑같이 영어단어를 외워야 하는 상황에도 어떤 아이들은 짧은 시간에 다 외우고 나머지 시간에 논다. 반면 어떤 아이는 주야장천 책과 노트를 붙들고 앉아 있으면서 놀지도 못하고 제대로 먹지도 못하는데 다 외우지도 못한다. 시험 결과가 판이하게 달라진다. 공부는 효율적으로 하는 것이 중요하다. 해야 할 공부를 최대한 단시간에 끝내면 나머지 시간엔 놀 수 있다.

내가 학교 다닐 때도 시험 기간이 다가오면 다들 막연한 불안감과 공부해야 한다는 강박에 사로잡힌다. 어찌어찌 책상 앞에 앉긴 했지만 막상 앉으면 정작 무엇을 어떻게 공부해야 할지 모르는 경우가 많다. 나 역시 학창 시절 독서실에서 오랜 시간을 보내며 공부를 하긴 했지만 성적이 오르지 않았다. 그것은 바로 공부의 전략이 없었기 때문이다.

시험 준비, 시각화에서 시작한다.

효과적인 시험 준비는 계획의 시각화에서 시작한다. 월간 계획표에 시험 날짜를 표시하고 그 주변에 박스를 쳐서 중요한 기간임을 명확히 한다. 그리고 시험일로부터 약 2주 전부터 시험일까지의 기간도 박스로 표시한다. 이는 단순한 역산 스케줄링을 넘어, 내가 집중해야 할 기간을 시각적으로 확인하는 작업이다.

"이렇게 박스 친 기간에는 나를 건드리지 마. 나는 여기에 선택과 집중을 할 거야."라고 스스로에게 되뇌어야 한다. 그렇게 시각화 작업을 통해 무엇을 공부해야 하는지, 얼마의 가용 시간이 있는지, 각 과목을 어떻게 쪼개서 준비할 것인지를 명확히 한다. 그래야 그저 막연히 공부해야 한다는 강박관념 때문에 공부한다고 앉아도 집중이 안 되는 현상도 방지하고, 공부의 정도를 객관적으로 파악할 수 있기 때문이다. 자신의 공부에 대한 명확한 개념 파악 없이 대비할 수는 없다. 알고 있는 것과 모르는 부분을 명확히 알고 모르는 부분을 집중적으로 해야 한다.

그래, 난 노란 튤립 첼리스트야!

시험 때가 되면 다들 공부한다. 나름 집중한다. 그런데 시험을 치르고 나면 성적은 두드러지게 차이가 난다. 공부를 못하는 학생은 책상 앞에 앉아 교과서를 펼쳐 들고 처음부터 읽기 시작한다. 그러다 조금 지나면 지루해지고 졸리고 집중력을 잃는다. 그러다 다시 공부한다며 또 교과서의 처음을 읽는다. 그러다 보면 시험 범위 안의 내용을 제대로 끝까지 읽어보지도 못한 채 시험을 치러야 한다. 또 읽었던 부분을 또 다시 읽으면 다 아는 내용으로 느껴진다. 그런데 막상 시험지를 받으면 긴가민가 헷갈린다.

공부를 잘하는 학생은 피드백(feedback)으로 공부한다. 즉 자신이 알고 있는 부분은 더 이상 공부하지 않고, 모르는 부분, 부족한 부분을 집중적으로 공부한다. 공부의 시간 낭비를 줄인

성적표 공개! OH! MY GOD

청주 00고등학교 고1학생
(성적공개를 원망한 학생만, 요청에 따라 일부과목 비공개)

이 0 0 (상위권)

과목	1학기기말	2학기중간	차이
국어	비공개	비공개	0
수학	비공개	비공개	0
영어	94	98	4
사회	74	89	15
과학	92	95.5	3.5
한문	86	96.5	10.5
총점	516	549	33

신 0 0 (중위권)

과목	1학기기말	2학기중간	차이
국어	48	63	15
수학	23	63	40
영어	45	54	9
사회	비공개	비공개	비공개
과학	19	59	40
한문	80.9	92	11.1
총점	215.9	331	115.1

이 0 0 (중위권)

과목	1학기기말	2학기중간	차이
국어	79.9	78	-1.9
수학	34.6	52.2	17.6
영어	33.6	33.7	0.1
사회	75.1	74.6	-0.5
과학	92.3	91.7	-0.6
한문	76.3	100	23.7
총점	391.8	430.2	38.4

이 0 0 (하위권)

과목	1학기기말	2학기중간	차이
국어	37	70.9	33.9
수학	20	10.2	-9.8
영어	24	22.5	-1.5
사회	65	73.8	8.8
과학	20	29.7	9.7
한문	50	44	-6
총점	216	251.1	35.1

다. 그리고 학생의 입장에서만 공부하는 게 아니라 출제자의 시각으로 내용을 본다. 자신이 출제자라면 어떤 문제를 낼지 궁리해 본다. 그렇게 가상의 문제를 내 보면 긴가민가한 부분을 보다 명확히 알 수 있고, 그 부분을 대비하면 높은 점수를 받는다. 공부는 무작정 시간을 많이 투자한다고 잘하는 게 아니라 전략, 즉 피드백을 통해서 해야 효과적이다.

나에게 맞는 공부 방법 찾기

시각화를 통한 객관화 작업은 내가 주어진 시간 안에 얼마만큼의 학습을 해낼 수 있는지를 파악하게 한다. 자신을 안다는 것은 결국 주어진 시간 안에 내가 얼마만큼의 문제를 풀어낼 수 있는 능력이 있는지를 아는 것이다. 어떤 학생은 10분 안에 7문제를 풀 수 있지만, 다른 학생은 2문제를 풀 수 있다. 10분 안에 2문제만 풀 수 있는 학생에게 7문제는 무리다.

효과적인 시험공부를 제대로 해 본 적이 없다면 이렇게 해 보아라. 전략 과목 3개를 정하고 나머지는 과감하게 버려라.

시험 D-day 2주의 박스는 시험에만 집중하겠다는 결단이다. "그럼 난 시험 D-day까지 3주나 4주의 박스를 쳐 놓지 뭐!" 그렇게 긴 시간 동안 집중할 수 있을까? 전략적인 시험공부가 처음이라면 작게 시작해서 작은 성취를 여러 번 맛보는 것이 좋다. 기간이 길면 이내 탈진과 허탈감, 좌절감을 가져온다.

"선생님 저는 영어가 40점, 수학이 52점, 사회가 43점, 과학이 67점이에요."

"다음 시험에 영어단어 300개쯤 외우고 들어가면 몇 점 정도 올릴 수 있을까?"

"단어 거의 100개도 안 외우고 시험 봤던 거라 300개 정도 외우면 그래도 60점까지는 올릴 수 있지 않을까요?"

"그럼 300개 목표로 해 볼까?"

"수학은 진짜 해도 해도 성적이 잘 오르질 않아요. 저는 수학은 아닌가 봐요."

"그럼 사회는?"

"사회는 거의 외운 게 없고 찍었죠 뭐. 그런데 문제를 똑바로 안 읽은 것 같긴 해요."

"그렇다면 중간고사 같은 경우에 사회는 3단원 정도를 시험 볼 텐데 1단원에 10장 정도 암기카드를 만들어서 들고 다니며 외우면 어떨까? 3단원이니깐 30장 정도면 될 듯한데…."

"2주 전략 기간에 하루에 암기카드 4장씩만 만들어서 읽어가며 계속 추가하면 8일이면 암기카드 완성될 듯하네."

"오, 그렇게는 할 수 있을 것 같아요."

"과학은 어떠니?"

"사실 과학을 제일 좋아하긴 해요. 문제 풀면서 암기하는 것이 더 쉬운 것 같아서 문제를 많이 풀어보면 점수는 좀 더 올릴 수 있지 않을까요?"

"그래, 그럼 실험 한번 해 볼까? 2주 전략 기간 동안 과학 기출 문제집 중에서 FINAL TEST 문제가 거의 80문항이니 하루에 7문제씩만 풀어보자. 어제 틀린 문제 다시 보고 또 그날 해

야 할 7문제를 또 풀고... 시험 이틀 전엔 풀어본 모든 문제를 다시 훑어 보면 어떨까?"

정리해 보면 2주 전략 안에 영어는 하루에 영어 단어 암기카드 25개씩 12일간 300개, 필요시간은 60분. 사 회는 암기 카드 4장씩 만들어서 10

그래, 난 노란 튤립 첼리스트야!

일간 40장, 필요 시간은 40~50분. 과학은 FINAL TEST 문제를 하루에 7개씩 풀면 12일간 80여 개의 문제 완성, 필요 시간은 30~40분. 총 공부 시간은 하루 2시간 30분을 넘기지 않는 것이 원칙. 이렇게 3과목만 공부를 하는 것이다.

교육공학이 필요하다

교육공학(Educational Technology)이란 교육 분야에서 이해하기 쉽고 효과적인 학습이 일어나도록 이론, 기술, 매체, 시스템 등을 설계하고 적용하는 학문이다. 여러분에게 딱 맞는 교육공학의 기술이 적용되면 누구나 공부 잘할 수 있다. 따라서 공부를 못하는 것은 전적으로 개인의 잘못이라고 말할 수 없다. 교육의 방법론이 좋으면 누구나 공부를 잘할 수 있다.

실제로 이런 방법을 만든 이가 세바스챤 라이트너 박사이다. 그는 학습카드 복리의 마법을 제시하면서 '라이트너 시스템(Leitner System)'이라고 이름하였다. 이것은 반복 학습을 통해 장기 기억을 향상시키는 효과적인 학습 방법이다. 특히, 플래시 카드를 사용하여 학습 내용을 반복적으로 복습하는 방식으로, 학습자가 어려워하는 내용은 더 자주, 익숙한 내용은 더 적게 복습하도록 설계되어 있다. 이를 통해 학습 효율을 극대화할 수 있다.

이 학습법은 '복리의 마법' 즉, 시간이 지남에 따라 작은 투자가 큰 수익으로 이어지는 금융 개념처럼 꾸준한 반복 학습을 통해 지식이 누적되어 장기 기억으로 전환되게 한다. 즉 초기에는 작은 노력으로 시작하지만 시간이 지날수록 그 효과가 기하급수적으로 증가한다.

라이트너 시스템 활용은 암기카드를 준비하는데 학습할 내용을 질문과 답변 형식으로 카드에 작성한다. 카드를 보고 답을 맞히면 다음 칸으로 이동시킨다. 틀리면 첫 번째 칸으로 되돌린다. 각 칸에 따라 복습 주기를 설정한다. 예를 들어 1번 칸은 매일, 2번 칸은 이틀마다, 3번 칸은 4일마다, 4번 칸은 8일마다, 5번 칸은 16일마다 반복하게 한다. 이 과정을 반복하여 학습 내용을 장기 기억으로 전환한다.

학생들에게 영어 단어 카드 20장을 만들고 외우는 데 얼마나 시간이 걸릴지 물었을 때, 많은 학생이 "1시간이요", "2시간이요"라고 대답했다. 이는 자신이 20개의 영어단어를 외우는 데 얼마나 시간이 걸리는지 모른다는 증거였다. 그래서 그 학생들에게 "10분 안에 모든 것을 다 해낼 수 있을 거야. 한번 해볼까?"라고 제안했다. 실제로 학생들은 10분이 아닌 7분, 5분, 심지어 4분 안에 모든 단어를 외웠다. 이 경험을 통해 학생들은 "나는 할 수 있는 사람이구나."라는 깨달음을 얻었다.

다음 날에는 새로운 20개 단어와 전날 외운 20개를 함께 복

습하면서 계속 진행했다. 20개가 40개가 되고, 60개가 되고, 80
개가 되면서 학생들은 자신의 능력이 계속 향상되는 것을 목격
했다. 영어 단어의 개수가 늘어날수록 "내가 이것을 할 수 있
다."는 자신감이 강화되었다.

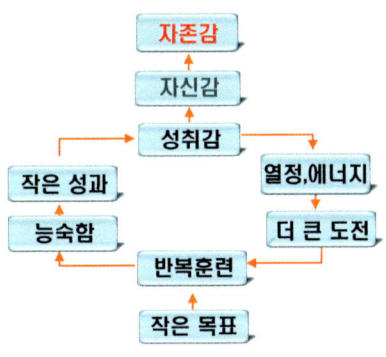

작은 목표의 선순환

'외우는 것'이 아닌 '외워지는 것'의 개념은 학습의 방법론에 달
린 것이다. 즉 공부를 못하는 학생의 잘못은 본인이 공부를 안
한 게 문제라기보다 효율적인 학습방법을 알려주지 않은 것이
문제였다는 뜻이다. 라이트너 시스템은 외우려고 노력하는 게
아니라 그냥 읽는 게 자동으로 학습이 되게 하는 방식이다. 말
그대로 그냥 잘 놀았는데 공부가 자동으로 된 셈이다. 그저 잘
놀았는데 자동으로 공부가 된다면 싫어할 학생은 아무도 없다.
그런 면에서 한국의 많은 아이는 학습의 피해자다.

그래서 나는 늘 이렇게 말한다. 공부를 공부하듯 하지 말고 놀이하듯 하라고 한다.

"공부하려고 일부러 책상 앞에 앉지 마. 그냥 버스 안에서 하는 거야. 화장실에서 해 보는 거야. 친구랑 쉬는 시간에 잠깐 해 보는 거야."

이런 접근 방식을 통해 공부가 별것 아닌 일상의 일부가 될 수 있다는 것을 경험하게 했다. 시간이 지나면서 학생들은 영어 단어 300~500개를 20분 안에 모두 외울 수 있게 되었다. 카드를 넘기는 속도를 따라가지 못할 정도로 빨라진 것이다.

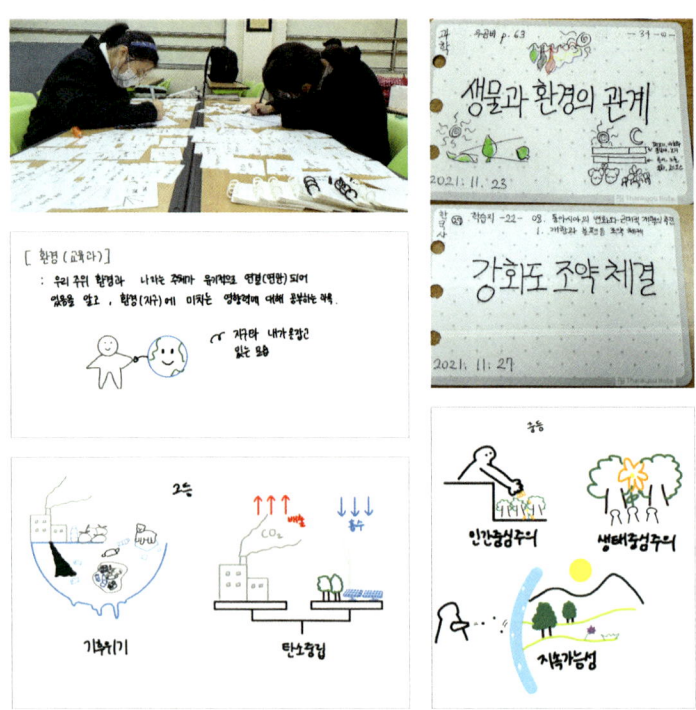

그래, 난 노란 튤립 첼리스트야!

성취감이 가져오는 선순환

영어 단어 학습에서 성공을 경험한 학생들은 영어 단어 500개를 자신이 외웠다는 성취감을 느낀다. 이는 곧 다른 과목에의 호기심과 도전으로 이어진다. 과학과 수학도 해 볼 용기가 생긴다. 부모들이 그토록 원하는 자기주도학습이 자연스럽게 몸에 배게 된다. 대한민국의 교육은 암기로 시작해 암기로 끝난다 해도 과언이 아니기에 암기만 잘해도 성적을 올릴 수 있다. 그렇다면 자신만의 암기 카드를 통한 학습은 아주 좋은 결과를 안겨줄 것이다.

학업에 어려움을 겪던 7등급 학생들을 모아 이 방법을 적용했을 때, 놀라운 결과가 나타났다. 많은 학생이 3등급까지 올라갔고, 한자와 같은 과목에서는 거의 100점을 받게 되었다. 쉬운 과목부터 시작해 성취감을 쌓고, 점차 다른 과목으로 확장해 나가는 전략이 효과적이었다.

공부가 아닌 게임

이 과정은 공부가 아닌 게임처럼 느껴졌다. 학생들은 자신의 시간을 기록하고, 약속을 지키면서 마치 스피드 게임을 하듯 학습했다. 학생들이 공부를 게임처럼 즐기기 시작하면서 학습에 대한 부담감이 줄어들었다.

나를 아는 것의 시작은 나의 시간을 아는 것

이 모든 경험을 통해 얻은 핵심 메시지는 명확하다.

"너의 시간을 아는 게 결국 너를 아는 것이다. 너의 속도를 아는 것이 너를 아는 것 중 일부다."

자신이 공부를 해내는 데 얼마의 시간이 필요한지 알면 불안감이 줄어든다. 작은 일을 해낼 수 있다는 것을 알게 되면 더 큰 일도 할 수 있다는 믿음이 생긴다. 자신을 아는 것의 시작은 바로 자신의 시간을 아는 것이다.

이 질문을 통해 당신의 삶을 되돌아보고
그 기억과 생각을 바탕으로 답할 때 그 모든 답이
당신 인생의 글감과 미래에 쓰일 당신의 책으로 연결되었으면 좋겠습니다.

✛ 나를 치유하는 질문

1. 나는 영어 단어 20개를 외우는 데 정확히 몇 분이 걸리는지 알고 있는가?

----

2. 손바닥 반만 한 나만의 학습카드를 당장 3장만 만들어 보겠는가?

----

3. 작은 성취감을 쌓아 더 큰 도전으로 나아간 경험이 있는가?

✛ 내 인생의 킥

"나의 시간을 알면 나를 알게 된다. 나의 속도를 이해하는 것이 성공
의 첫걸음이다."

내가 나에게
해주고 싶은 말
_____

그래, 난 노란 튤립 첼리스트야!

제4장

엔터 키를 안 치면 말짱 헛빵?

컴퓨터 키보드 자판에서 가장 크게 만들어진 것은 엔터(Enter) 키다. 어떤 프로그램을 실행하든 최종 결정을 할 때는 엔터 키를 쳐야 한다. 꿈을 꾸면 반드시 실행으로 옮겨야 한다. 꿈을 꾸고 행동으로 옮기면 꿈을 이루지만 꿈만 꾸면 그건 망상에 불과하다. 세상에 망상가는 많지만 실행가는 많지 않다. 꿈을 이루고 싶다면 방법은 단 하나뿐이다. 무조건 실행하라. 들이대라. 도전하라. 해 보라.

꿈만 꾸면
되는 게 아니라고?

"큰 꿈을 꾸어라."

"비전을 품어라."

청소년기에 이런 말을 들을 때면 나는 솔직히 화가 나고 욕부터 나왔다. 어느 놈은 그러고 싶지 않아서 이러고 있냐고 투덜거렸다. 난 그때 아무 생각도 없었다. 공부도 못하고 무슨 특기도 없고 어찌어찌 첼로를 선택하긴 했지만 형편없는 실력으로는 그 무엇도 될 수 없었다. 그런 상태에서 무슨 꿈을 꾼다는 건가?

나는 꿈을 갖고 유학길에 오르지 않았다. 단지 간지 난다는 이유로 첼로를 선택했을 뿐이고 예고에 떨어질 게 뻔했기에 상황을 회피하려고 했을 뿐이었다. 무모하기 짝이 없었고 비겁하기 짝이 없었다. 타고난 재능과 기본 실력, 언어와 경제력을 가지고 가야 하는 유학인데 나는 그 무엇도 갖추지 못한 상태였다. 그렇게 간 유학이니 이리 박고 저리 박느라 머리통이 다 깨졌다. 어정쩡한 실력의 나를 직시했을 땐 그냥 콱 죽고 싶었다.

그래서 차도에 뛰어들기도 했었다. 그때 만약 누군가가 "꿈이 있는 사람은 그런 행동 하지 않는다."라는 식의 말을 했다면 나는 그 사람의 머리털을 다 뽑아버렸을 것이다. 그래도 내가 가장 잘한 일은 어떻게든 버틴 거였다. 그랬더니 마침내 최연소 음악학 박사가 되었고 첼로 연주자가 되었다.

내가 비로소 꿈이란 개념을 이해하고 나만의 꿈을 꾸고 도전했던 건 그 이후의 일이었다. 나는 그때부터 꿈과 사명, 미래일기와 롤 모델에 대해 배웠고 그것을 실천했더니 지금의 나를 만들 수 있었다. 자랑한다고 욕해도 좋다. 자랑을 해도 근거가 있으면 자랑질이 아니라 자부심이다. 그래서 나는 나를 만들어준 꿈일기, 롤모델, 사명선언문, 미래일기를 소개하고자 한다.

그 네 가지를 통해서 나는 꿈이란 본래 또라이들의 몫이라는 것을 알았고 나 역시 그런 또라이가 되려 했었다. 현대사회에서 지극히 일상이 된 것들은 죄다 한 때 정신 나갔다고 불렸던 또라이들의 정신 나간 꿈이었다. 하늘을 날겠다는 꿈, 전화기를 손에 들고 다니겠다는 꿈, 달에 인간을 보내겠다는 꿈, 시속 300㎞를 넘는 기차를 만들겠다는 꿈, 그 외에도 수많은 발명품은 한때 외면되고 욕먹었던 것들이었다. 그런데 하나 더 생각할 것은 그 정신 나간 꿈을 꾼 사람들이 그 분야와 무관한 사람들이 아니었다는 점이다. 하늘을 날겠다는 꿈을 꾸었던 라이트 형제는 자전거 정비공으로 자전거에 대한 기본 지식을 갖추고 있었다. 시속 300㎞로 달리는 기차를 만들겠다는 꿈 역시 철도 관련된 사람들이 가진 꿈이었다.

그러니, 반드시 어느 정도 실력부터 갖춰라. 그다음에 아주 황당하고 무모한 꿈을 꾸어라. 그래야 꿈이다. 뻥을 쳐도 좋다. 꿈이란 본래 좀 허황되고 현실적으로 닿을 수 없는 거다. 말 그 대로 또라이라는 소리를 들어야 꿈이지 고개를 끄덕이게 하는 건 목표를 가진 현실이지 꿈이 아니다.

2002년 한일 월드컵 때 한국은 4강의 주인공이 되었다. 어쩌면 지금의 학생들에게는 너무 오래된 이야기일 수도 있다. 당시 대한민국 사람들이 축구에 거는 기대는 월드컵 본선이라도 진출해 보는 것이었다. 그때 우리는 "꿈은 이루어진다"라는 슬로건을 걸고 대표팀을 응원했고 마침내 4강 신화의 주인공이 되었다. 그 성적은 지금까지도 최고다. 그리고 또다시 월드컵이 개최되었을 때 우리는 "꿈은 또다시 이루어진다"라는 문구를 내걸었다. 뭔가를 이루려면 꿈부터 꿔야 한다.

꿈을 이룬 많은 사람에게는 비밀이 하나 있다. 남들이 하지 못하는 상상을 했으며, 그 상상을 현실로 만들기 위해서 애를 썼다. 그리고 동시에 미친 사람 취급을 받았다. 비행기를 발명한 라이트 형제의 이야기를 들어보자. 그들은 자전거 수리공이었다. 하지만 그들에게는 하늘을 날고 싶다는 꿈이 있었다. 그 시절, 비행기 연구는 목숨을 잃는 위험한 일로 여겨졌다. 부모님께 이야기했다면 아마도 미쳤다는 대답을 들었을 것이다. 모두가 미쳤다고 말할 때, 라이트 형제는 포기하지 않고 비행기를 설계했다. 그들의 첫 비행기는 고작 12미터 정도만 날았다. 비행기를 띄우겠다고 공고를 냈지만 비행 장면을 보러 온 사람은 5명에 불과했다. 그만큼 사람들은 기대하지 않았다. 하지만 그 짧은 비행, 그 종이비행기 같은 어설픈 시작이 오늘날 비행기의 모체가 되었다. 비행기가 없는 세상은 상상이 안 될 정도다.

꿈은 본래 좀 허황되고 사치스럽기도 하다. 그 꿈을 추구하다 보면 좌절감을 느낄 수도 있고 욕을 먹기도 한다. 하지만 그 허황된 꿈을 현실로 나타내면 그 때부터는 발명가가 되고 선구자가 된다. 꿈을 꾸고 현실로 만드는 데 초점을 두는 사람은 늘 눈빛이 살아 있다. 영화 〈댄싱 퀸〉의 한 장면처럼, 꿈을 꾸기 시작하면 눈빛이 변하고, 무엇을 해야 할지 알게 되며, 움직이기 시작한다.

꿈을 이루려면 그 꿈을 혼자만 간직하지 말고 여러 사람에게 자랑을 해야 한다. 입방정을 떨어야 한다. 뻥을 치는 소리라도 좋다. 뻥도 여러 사람 앞에서 자신 있게 치면 현실이 될 가능성이 높아진다. 이것을 자기충족적 예언(Self-fulfilling Prophecy)이라고 한다. 다른 말로는 피그말리온 효과(Pygmalion Effect) 또는 로젠탈 효과(Rosenthal Effect)라고 한다. 어떤 믿음이나 기대가 실제 행동에 영향을 미쳐 그 믿음이 현실이 되는 현상을 말한다. 이를테면 "나는 반드시 작가가 될 거야."라고 계속 말하고 믿으면, 그것에 맞는 행동인 글쓰기, 출판 관련한 사람 만나기, 나를 도와주는 멘토의 도움을 받기와 같은 일이 생기고 정말 작가가 되는 것을 말한다. 나에게 있어 이 책은 내가 꾸었던 꿈이 이뤄진 것이다. 나는 늘 "나는 작가가 될 것이다."라고 말했다. 사람들을 만날 때도 그랬고 강의할 때도 그런 말을 했다. 단지, 그리고 싶은 바람(want)만 있고 실제적인 것은 아무것도 하지 않고 있었다. 그런데, 여러 사람 앞에서 작가가 될 것이라는 내 꿈을 자주 이야기했다. 그랬더니 어느 날, 내가 내 인생의 작가 롤 모델로 삼은 분과 연락이 닿았다. 그분의 멘토링 덕분에 나는 정말 책을 펴 낸 작가가 될 수 있었다.

그리고 꿈을 이루려면 나의 온 감각을 그 꿈에 집중해야 한다. 그러려면 꿈을 시각화한 것을 매일 보고 매일 말하고 매일 다짐해야 한다. 미국의 코미디 배우 짐 캐리(Jim Carrey)의 '1,000만 달러 수표 이야기'가 있다. 짐 캐리가 이 황당한 꿈을 꿀 때, 그는 비록 무명이긴 하지만 배우였다. 배우로서 기본적인 자질을 갖춘 상태였다. 그가 적었던 그 꿈은 처음에 뻥으로 간주되었다.

시기는 1980년대 말, 짐 캐리가 아직 무명 배우로 LA에서 고생하던 시절이었다. 그는 어느 날 스스로에게 동기부여를 하기 위해 자기 앞으로 1,000만 달러짜리 수표를 작성해 지갑에 넣었다. 수취인: Jim Carrey, 금액: $10,000,000(현재 한국 돈으로 환산하면 140억), 지불 항목: 연기료(Payment for Acting Services), 지불일: 1995년 추수감사절(Thanksgiving).

그리고 그 수표를 매일 바라보면서 "나는 언젠가 이 금액을 배우로서 벌게 될 것이다."라고 말했고, 실제로 1994년, 그는 영화《덤 앤 더머(Dumb and Dumber)》출연을 계약하면서 정확히 1,000만 달러의 출연료를 받았다. 예상보다 1년 앞선 시점에 꿈이 실현되었다. 짐 캐리는 이렇게 말했다.

"당신이 원하는 것을 시각화하고, 그것을 믿고, 행동하며, 열심히 노력하면... 그 모든 것이 현실이 될 수 있다."

꿈을 이루려면 글로 적어라. 적어야 산다. 적자생존이다. 내 수첩에도 200개가 넘는 꿈 리스트가 적혀 있다. 15년 전인 2010년에 쓴 것들도 있다. 당시로서는 말도 안 되는 꿈들이었지만, 지금 보면 많은 것이 이루어졌거나 진행 중이다.

모든 사람의 기억에 남는 멋진 결혼식 하기, 매달 부모님께 100만 원씩 용돈 드리기를 적었는데, 스승님의 조언으로 100만 원을 천만 원으로 고쳤다. 당시에는 '이게 말이 돼? 가당키나 해?'라고 생각했지만, 15년이 지난 지금, 부모님께 천만 원의 용돈을 드리는 날이 왔다. 그 순간 내가 느낀 것은 돈을 드리는 행위 자체보다 내가 꿈 하나를 더 이루었다는 황홀감이었다.

꿈 리스트에는 가보고 싶은 곳, 갖고 싶은 것, 되고 싶은 모습, 나눠주고 싶은 것들이 있다. '부모님, 동생, 남편과 미국 순회하기, 한국의 대표적인 토크쇼 나가기, 7성급 호텔에서 하룻밤 자기...' 같은 것들부터 '월 1억 수입의 커리어 맘 되기, 수천 명 청년 앞에서 도전을 소리치는 강사 되기, 60대가 되어도 55kg의 탱탱한 몸매 유지하기'까지 다양하다.

많은 사람이 꿈이라는 말에 "나는 첼리스트가 될 거야", "나는 의사가 될 거야"처럼 직업을 생각한다. 하지만 직업은 꿈을 이루어가는 과정이라고 생각한다. 직업 그 자체가 꿈이 될 수 없고, 그 직업을 통해 꿈을 이루어야 한다. 직업보다 더 상위에 있는 것이 꿈을 꾸는 능력이다.

나는 청소년들 앞에서 도전을 외치는 강사가 되는 꿈을 이루었다. 1년에 150개가 넘는 학교를 방문하고, 학부모 연수, 교사 연수, 교장 연수, 기업체, 교육기관, 공공기관 등 다양한 곳에서 강의와 연주를 한다. 내가 첼로를 하고, 강의하고, 책을 쓰는 이유는 모두 청소년들에게 조금이라도 도움이 되기 위함이다.

나는 지금도 꿈 리스트를 읽곤 한다. 꿈 리스트를 계속 읽고 강의할수록 그 꿈들이 내 머릿속에서 지워지지 않고 그쪽으로 향하는 힘이 생긴다는 것을 누구보다 잘 알고 있는 까닭이다. 꿈은 단순한 바람이 아니라, 우리 삶을 실제로 바꾸는 힘이다.

이 질문을 통해 당신의 삶을 되돌아보고
그 기억과 생각을 바탕으로 답할 때 그 모든 답이
당신 인생의 글감과 미래에 쓰일 당신의 책으로 연결되었으면 좋겠습니다.

✤ 나를 치유하는 질문

1. 나에게는 어떤 꿈이 있는가? 구체적으로 적어본 적이 있는가?

----

2. 내 꿈을 이루기 위해 오늘 시작해야 할 것은 무엇인가?

----

3. 다른 사람들이 불가능하다고 말하는 꿈도 적극적으로 추구할 용기가 있는가?

✤ 내 인생의 킥

"꿈은 적는 순간 현실로 향하는 첫 걸음을 떼기 시작한다. 불가능해
보이는 꿈일수록 더 크게 적어라. 그리고 매일 그것을 보라. 어느새
당신의 발걸음은 그곳을 향하고 있을 것이다."

그래, 난 노란 튤립 첼리스트야!

내가 나에게
해주고 싶은 말
_____

꿈을 가졌다면
꾸물거리지 말라고?

강의실에서 학생들을 만날 때마다 나는 이렇게 말한다. "얘들아, 해보자! 꿈을 꿔보자! 뭔가를 시도해 보자!" 하지만 다음에 만났을 때 여전히 풀이 죽어 있는 학생들을 보게 된다.

왜 그럴까? 알고 보니 이런 가슴 뛰는 이야기를 부모님 앞에서 해봤지만 부모님이 제대로 받아들이지 못하는 경우가 많았던 것이다. 그래서 학생들은 다시 풀이 죽어서 온다.

"안 되겠다. 진짜 학생을 살리려면 부모부터 만나봐야겠다."

그때부터 나는 부부학교 리더가 되기 위한 공부를 시작했다. 먼저, 부부행복학교 과정을 직접 경험했다. 그 과정을 통해 우리 부부가 더 행복해졌다. 다른 이들도 우리처럼 행복했으면 좋겠다는 꿈을 갖고 살게 되었다. 지구촌 가정 훈련원에서 리더 자격을 취득하였다. 그 과정에서 세상의 많은 부부가 각각의 크고 작은 아픔을 갖고 있다는 것을 알게 되었다. 우리 부부는 그들과 함께 울며 행복한 삶을 살아갈 수 있도록 도왔다. 항상 빼놓지 않고 하는 말이 있다.

그래, 난 노란 튤립 첼리스트야!

"여러분의 자녀들을 생각하세요. 부부가 이렇게 힘들어하는 동안 우리 아이들이 두려움에 떨고 있어요."

자녀를 살리는 방법은 부모의 부부관계가 좋아야 하고 행복한 모습을 보여주는 것임을 강조한다.

내가 미혼일 때 가졌던 꿈은 끝까지 나를 믿어줄 남자를 남편으로 갖는 것이었다. 정말 그 꿈대로 그런 남편을 얻었다. 남편 덕분에 여기까지 왔고 다시 첼리스트로 설 수 있었으며 다양한 도전을 할 수 있었다. 만약 부부가 서로를 인정하는 법을 배우지 못했더라면 이런 꿈을 꾸지 못했을 것이다. 내가 이룬 꿈 중 가장 행복한 꿈이다.

김수영 작가와 함께

언젠가 『멈추지 마. 다시 꿈부터 써봐』의 김수영 작가를 직접 만나고 싶은 생각이 들었다. 나는 그 책을 읽고 내 꿈을 쓰기 시작했다. 책을 읽으면서 "와! 이 여자 정말 또라이 아니야? 어떻게 이렇게 살 수 있지?" 라고 말하면서 동시에 그 사람처럼 살고 싶다는 마음이 들었다. 그 흥분 때문에 3일이나 잠을 못 잘 정도였다. 그런데, 신기하게도 내가 있는 한국교원대학교 도서관 주최로 이 강사를 초청하게 되었다. 그분을 직접 만날 기회가 생기게 된 것이다. 또 다른 꿈을 이루었다.

또 나는 내 회사를 설립하는 꿈을 가졌다. 혼자 할 수 있는 부분이 아니었는데 많은 분들의 도움으로 마침내 회사를 설립하였다. 개인으로는 들어갈 수 없는 학교를 법인회사의 이름으로 더 많이 갈 수 있었다.

남편의 스킨스쿠버자격증

스킨스쿠버 자격증을 따는 것도 내 꿈이었다. 그런데 사진의 실체는 남편의 자격증이다. 분명히 스킨스쿠버 자격증을 따고 싶어서 남편과 함께 보라카이로 날아갔다. 거기서 얼마간 지내며 자격증을 따겠다고 생각했는데, 비행기 표를 끊고 나서야 임신했다는 사실을 알게 되었다. 그래도 보라카이로 갔다. 그리고 간절히 사정했다. "나는 이걸 꼭 하고 싶다." 하지만 강사는 임신 중이라 절대 안 된다고 했다. 결국 나는 스노클링만 하고, 남편은 해저 18m를 내려가서 남들은 볼 수 없는 바닷속의 광대한 세계를 다 보고 왔다. 내가 얼마나 배가 아팠겠는가? 이 사진을 올린 이유는 '나도 언젠간 꼭 스킨스쿠버 자격증을 따야지, 이루지 못한 꿈 중 하나, 그것을 꼭 이루어야지.' 하는 마음 때문이다. 그런데 이제 나이가 조금 더 드니 두려움도 생기긴 한다.

또 나는 연극 무대에 서는 꿈이 있었다. 그냥 무작정 연극 무대에 서는 꿈이 있었지만, '과연 나 같은 사람이 연극 무대에 어떻게 설 수 있을까?'라고 웃으며 꿈 리스트에 적었다. 어느 날 강의 일로 한 사람을 만나게 되었다. 그 사람은 강사이면서 연극의 조연출이라고 했다. 나는 다짜고짜 "저는 연극 무대에 서는 꿈이 있어요."라고 말했고, 그분은 당황스러워 했다. 그 만남의 목적은 그것이 아니었기 때문이다. 그분과 비즈니스에 관련된 이야기를 많이 했는데, 헤어질 때 나는 다시 "선생님, 저는 연극 무대에 서는 꿈이 있어요."라고 한 번 더 말했다. 그분의 당황하는 기색이 보였다. 나는 그 표정에 '더 이상 기대할 것이 없구나, 어쩌면 비즈니스까지도 어려워졌겠다.'라고 생각했다. 그런데 일주일 후 연락이 왔다.

"이혜린 선생님, 저희 연극 연출 선생님 한번 만나보시죠."

"왜요?"

"연출 선생님께서 대한민국 연극제 출품작 안에 들어갈 첼로 음악을 찾고 있습니다. 첼로 연주가 필요하신가 봐요. 한번 만나보시겠어요?"

그 순간 가슴이 뛰기 시작했다.

연출 선생님을 만났을 때 나는 단 한 가지만 물었다.

"선생님, 제가 연극 무대에 서서 같이 하는 것인가요, 아니면 연극 무대 밑에서 하는 것인가요?"

"당연히 연극 무대에 서서 같이 해야지요."

그분은 웃으면서 답했다. 나는 무조건 "예스"라고 했다. 출연료나 연습 시간은 중요하지 않았다.

대한민국 연극제 대통령상 수상

놀랍게도 그 연극은 그해 2018년 대한민국 연극제에서 대통령상을 수상하게 되었다. 덕분에 나는 연극 무대에 서는 꿈을 이룬 것뿐 아니라, 어쩌다가 잘하는 팀을 만나서 서울 대학로 가장 큰 공연장에서 공연하고 러시아 이르쿠츠크 초청 공연까지 가는 영광을 누리게 되었다. 심지어는 내가 러시아 유학파 출신이라는 이유로 연극 번역과 인솔까지 다 책임을 맡는 경험을 하게 되었다. 그리고 지금은 연극 기획자로 활동하면서 북한의 인권을 보여주는 연극도 만들며 공연하고 있다.

그래, 난 노란 튤립 첼리스트야!

예전부터 평양에 가서 첼로 연주하는 꿈을 꾸었는데 그것은 통일을 원하는 나의 마음 한구석에서 온 생각이었다. 그러던 어느 날 대학에서 강의하는 자리에 누가 봐도 늦깎이 대학생으로 보이는 탈북민이 앉아 있었다. 나의 꿈 이야기를 흥미롭게 듣던 그분은 북한 사투리인지 중국 조선족 사투리인지 알 수 없는 말투로 "강사님~ 우리 같이 평양 갑시다." 하는 말에 당장 이룰 수 있는 일이 아니라는 웃음으로 "그럴까요?" 대답했다. 그 대답으로 결국 탈북민들과 함께하는 일을 하는 것뿐 아니라 민주평화통일자문회의 상임 위원으로까지 활동할 수 있는 기회가 주어졌다. 아직 평양에 가지는 못했지만 통일을 준비하는 자리에 설 수 있다는 것 자체가 신기할 뿐이다. 이게 어떻게 가능했을까? 나는 연극 무대에 서는 꿈만 꿨을 뿐이다.

　당신도 꿈을 한번 적어보아라. 무엇이든 괜찮다. 황당하기 짝이 없는 것도 좋다. 그렇게 적는다고 누가 잡아가는 것도 아니고 돈이 드는 것도 아니다. 가급적이면 '이게 되겠어?'라는 의문이 드는 것들, '내 수준에 이게 가당키나 할까?'라고 현실적으로 현실이 될 가능성이 적은 것을 적어라. 그냥 머릿속에 생각나는 것들을 모두 적어보라. 물론, 적는다고 다 이루어지는 것은 아니다. 하지만 내 머릿속에 어떤 소망이 있는지 끄집어내는 것도 인생의 중요한 연습 중 하나라고 생각한다.

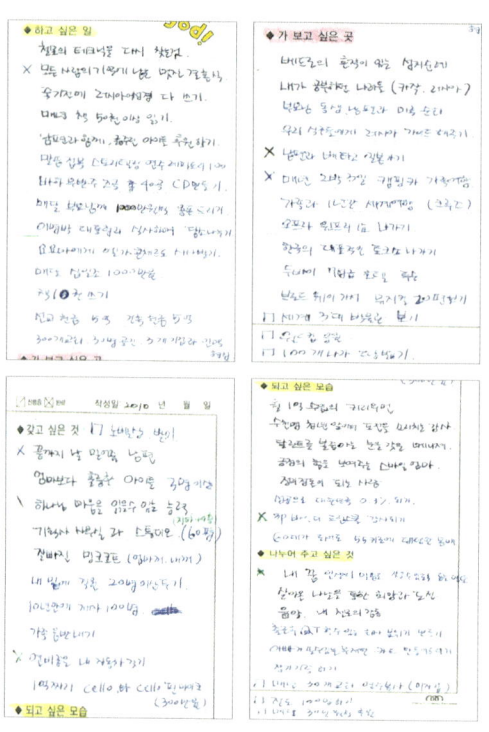

2010년에 손으로 쓴 꿈 리스트

　　꿈을 적을 때는 구체적으로 적어야 한다. 그리고 이루어질 것이 아니라 이루어진 것을 전제로 하고 써야 한다. 체중계에 올라가면 몇 킬로인지 바로 보인다. 그래서 '살 빼기'라고 적지 말고 '55kg 찍어보기'라고 적어보라. '성적 올리기'가 아니라 '평균 88점 찍어보기'처럼 구체적으로 숫자를 활용해서 적고 이루어지는 날(deadline)을 정하는 것이 좋다.

이 질문을 통해 당신의 삶을 되돌아보고
그 기억과 생각을 바탕으로 답할 때 그 모든 답이
당신 인생의 글감과 미래에 쓰일 당신의 책으로 연결되었으면 좋겠습니다.

✣ 나를 치유하는 질문

1. 지금까지 꿈꿔왔지만 감히 시도하지 못했던 것은 무엇인가?

_____

_____

_____

2. 내 꿈을 방해하는 장벽은 실제로 존재하는 것인가, 아니면 내가 만든 것인가?

_____

_____

_____

✣ 내 인생의 킥

"꿈은 종이에 적는 순간 계획이 되고, 입 밖에 내는 순간 약속이 되며, 행동으로 옮기는 순간 현실이 된다. 꿈꾸기를 두려워하지 말라."

나의 꿈

작성자 :

☑ 진행중 ⊠ 완료

📔 **하고싶은 일**
- ☐ _____
- ☐ _____
- ☐ _____
- ☐ _____

📍 **가 보고싶은 곳**
- ☐ _____
- ☐ _____
- ☐ _____
- ☐ _____

🧁 **갖고 싶은 것**
- ☐ _____
- ☐ _____
- ☐ _____
- ☐ _____

👍 **되고 싶은 모습**
- ☐ _____
- ☐ _____
- ☐ _____
- ☐ _____

🎁 **나누어 주고 싶은 것**
- ☐ _____
- ☐ _____
- ☐ _____
- ☐ _____

그래, 난 노란 튤립 첼리스트야!

롤 모델이
내 인생의 헤드라이트라고?

진로를 고민하는 모든 이에게 롤 모델의 의미와 중요성에 대해 이야기하고자 한다. 롤 모델은 단순히 존경하는 인물을 넘어, 우리 인생의 나침반이다.

롤 모델, 그 의미를 찾아서

롤 모델이란 무엇일까? 단순히 말하자면 나에게 본이 되거나 모범이 되는 대상이다. "선생님, 정말 존경해요."라고 말할 때, 그 안에는 '저도 그렇게 살아보고 싶어요.'라는 마음이 담겨 있다. 우리는 먼저 살아온 많은 인생 선배에게서 배울 점이 있다. 요즘에는 인생 선배들을 '꼰대'라고 부르기도 한다. 그렇게 부를 때는 그 나름의 이유가 있겠지만 그래도 인생 선배 중에는 '꼰대'에 해당하지 않는 사람이 존재한다. 그런 사람이 내 인생의 롤 모델이다. 롤 모델이 필요한 이유는 무엇일까?

롤 모델은 내 꿈을 품게 해주는 대상이 된다. 지속적인 동기부여를 해주는 것이 롤 모델이다. 그리고 내 인생의 동반자로,

'나는 이런 사람처럼 살 거야'라는 내비게이션 역할을 해주는 것이 롤 모델이다.

나의 롤 모델들

내 롤 모델 중 한 분은 이순신 장군이다. 이분은 순간을 위해 평생을 준비하여 중요한 순간에 불굴의 의지와 최고의 리더십을 발휘하였다. "필사즉생 필생즉사(必死則生 必生則死), 죽기를 각오하면 살고, 살고자 하면 죽는다."라는 명언을 남기셨다. 나는 그 말을 지침으로 삼아 무대에 올라갈 때도, 뭔가 새롭게 도전할 때도 "나는 하면 된다, 나는 할 수 있다."라는 마음으로 임한다. 이순신 장군이 거의 모든 전쟁에서 승리하셨듯이, 그런 마음으로 모든 것을 해보자는 자세로 롤 모델을 삼았다.

또 나에게 롤 모델은 링컨 대통령이다. 이분이 너무 멋있어서 '이런 사람하고 결혼했으면 좋겠다.'라는 생각이 들 정도였다. 수많은 좌절과 역경과 실패에도 불구하고 끝까지 포기하지 않고 도전하는 강인함과 불굴의 용기를 담고 싶었다. 예전부터 이런 꿈을 꾸었고 내가 결혼하기 전 『백악관을 기도실로 만든 대통령 링컨』이라는 책을 읽은 소감을 장문의 편지로 써서 애인에게 선물했다. 그 책과 독후감을 선물 받은 그 사람이 지금의 남편이다. 이 남자는 틀림없이 링컨 같은 사람이 될 수 있을 거라고 생각한다. 링컨 대통령이 했던 말 중에서 이 말을 좋아한다.

그래, 난 노란 튤립 첼리스트야!

"나는 천천히 가는 사람이다. 그러나 결코 뒤로 가지 않는 사람이다."

또 다른 롤 모델은 앤 설리번이다. 앤 설리번은 헬렌 켈러의 스승이다. 본인에게도 장애가 있었는데, 그 장애가 얼마나 힘들고 어려운지를 알기 때문에 헬렌 켈러의 장애를 자신의 아픔처럼 생각하고 장애를 극복할 수 있도록 사랑과 관심으로 잘 이끌어주었다. 그 결과 헬렌 켈러 같은 위대한 인물이 나타난 것이다. 아낌없이 사랑을 주고 희생할 줄 아는 그런 교사의 모습을 내가 닮고 싶다.

현대의 롤 모델

당신은 어떤 롤 모델이 있는가? 오타니 쇼헤이라는 야구 선수를 아는가? 나는 그다지 야구를 좋아하지 않지만 이 사람은 정말 멋지다. 오타니 쇼헤이는 고등학교 1학년 때 목표를 세웠다. 많은 글씨들로 가득 차 있는 목표들을 자기가 지켜내겠다고 8가지의 큰 원칙을 세우게 된다. 그리고 그 8가지에서 더 세세하게 파생되는 규칙을 세우면서 그것들을 지켜 나가려고 했다. 그 결과 지금 어마어마한 운동선수가 되어 있다. 철저한 자기 관리가 가져오는 힘이 어떤 것인지 오타니 쇼헤이가 제대로 보여주고 있다.

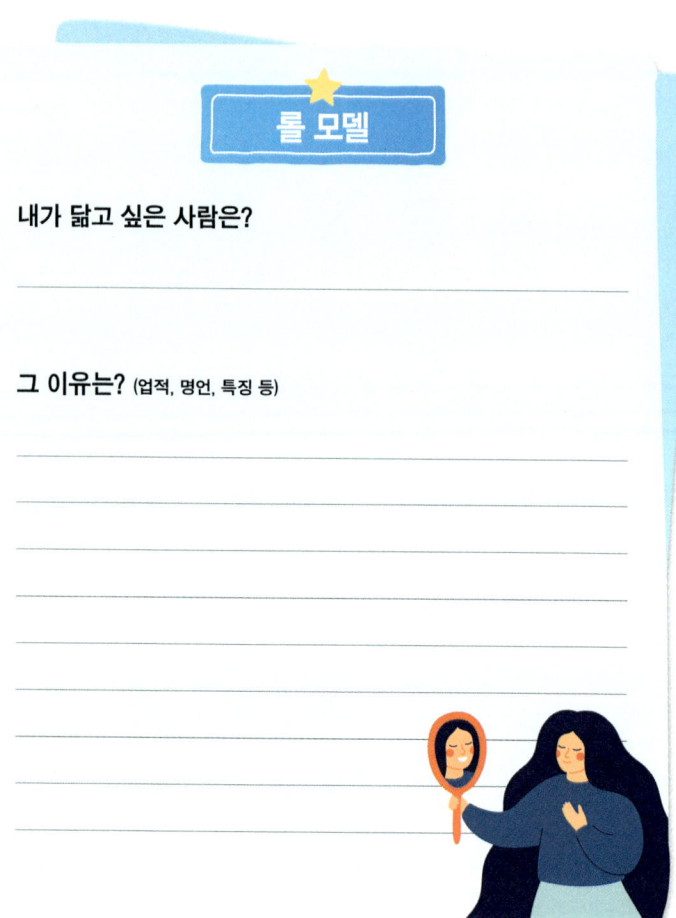

롤 모델

내가 닮고 싶은 사람은?

그 이유는? (업적, 명언, 특징 등)

나만의 롤 모델 찾기

많은 친구가 "나는 이런 사람을 롤 모델로 삼을 거야."라고 수업 시간에 이야기했다. 어떤 친구는 한복 디자이너를, 어떤 친구는 대통령 후보자를, 어떤 친구는 CEO를, 어떤 친구는 유명

그래, 난 노란 튤립 첼리스트야!

한 요리사를, 또 어떤 친구는 "우리 아버지가 롤 모델입니다."라고 이야기했다. 멋지지 않은가?

인생은 거울이 아니라 모자이크다. 여러 롤 모델의 빛나는 조각들을 모아 당신만의 아름다운 그림을 완성하라.

롤 모델 선택의 지혜

이왕이면 인생을 다 살아내고 가신 분을 롤 모델로 삼는 것이 좋다. 요즘 시대에는 정말 멋있게 유명세를 타다가도 한 방에 무너지는 사람들이 너무 많다. 결국에는 자기 관리에 실패해서 그렇게 되는 경우가 많은데 그저 그 사람의 화려한 모습만 보고 롤 모델로 삼는다면 그 사람이 무너질 때 내 마음도 함께 무너질 수 있다.

그러므로 많은 어려움을 딛고 끝까지 자신의 소신을 잃지 않고 살아낸 위인들, 대단한 인물들, 인생의 선배들이 있다는 것을 기억하자. 여러분의 롤 모델이 각 분야에서 한 명이 아니어도 된다. 여러 분야에서 롤 모델이 하나씩 있으면 좋겠다.

나도 강의 분야 롤 모델, 인생 부분 롤 모델, 부모 부분 롤 모델, 연주자 부분 롤 모델, 이렇게 각각의 롤 모델들이 정해져 있다. 그렇게 많은 롤 모델을 내 안에 가지고 있으면 내 인생이 '큰 바위 얼굴'을 찾아가는 모습으로 나타나지 않을까 생각한다.

이 질문을 통해 당신의 삶을 되돌아보고
그 기억과 생각을 바탕으로 답할 때 그 모든 답이
당신 인생의 글감과 미래에 쓰일 당신의 책으로 연결되었으면 좋겠습니다.

✤ 나를 치유하는 질문

1. 내 인생에 가장 큰 영향을 준 롤 모델은 누구인가?

2. 그 사람의 어떤 면이 나에게 영감을 주고 있는가?

3. 내가 닮고 싶은 롤 모델의 특성을 세 가지만 꼽는다면?

4. 언젠가 누군가의 롤 모델이 된다면 어떤 모습으로 기억되고 싶은가?

✤ 내 인생의 킥

"위대한 인물을 닮아가는 가장 좋은 방법은 그의 행동을 따라 하는
것이 아니라, 그가 세상을 바라보는 방식을 배우는 것이다."

그래, 난 노란 튤립 첼리스트야!

내가 나에게
해주고 싶은 말
_____

사명(使命)이 있어야
명사(名士)가 된다고?

인생의 내비게이션이 무엇이라고 생각하는가? 나는 바로 '사명 선언서(Mission statement)'라고 생각한다. 사명 선언서는 내가 어떤 방향으로 살아갈지를 안내해준다. 사명 선언서가 있는 사람이 목적지를 정해 놓고 출발한 운전자라면 사명 선언서가 없는 사람은 목적지도 없이 무작정 출발한 사람이다. 잘못된 길을 가면 즉시 새로운 경로를 탐색해서 바른 방향을 안내하는 내비게이션처럼 사명 선언서가 그런 역할을 한다.

사명은 결코 거창한 것이 아니다. 사명은 각자의 의사를 결정하고 행동을 선택하는 데 있어 지침이 되는 삶의 나침반이다. 자신만의 헌법이며, 나 자신의 사용설명서이다.

연세대학교 의료원의 사명 선언문을 보자. "하나님의 사랑으로 인류를 질병으로부터 자유롭게 한다." 이 한 줄의 메시지가 연세대학교 의료원이 존재하는 이유를 밝히 보여주고 있다. 거기에 종사하는 의료진은 어떤 사명감으로 환자를 치료해야 하는지 알고 있다.

그래, 난 노란 튤립 첼리스트야!

다양한 사명 선언서의 예시를 살펴보자.

"나의 사명은 가정의 문제로 힘들어하고 슬퍼하는 사람들의 이야기를 들어주며 위로하고 해결 방법을 알려주는 일에 헌신하는 것이다. 나는 위 사명을 감당하기 위해 2028년까지 누나, 언니 같은 청소년 상담사가 될 것이다."

이 사명 선언문을 작성한 사람은 아마도 가정의 문제로 힘들어했던 경험이 있을 것이다. 그들의 마음이 얼마나 어려운지 알기 때문에, 그리고 그런 사람에게 무엇이 필요한지 알기 때문에 이런 사명 선언서를 작성했을 것이다.

여기서 중요한 점은 사명이 우리 인생의 아픔에서 시작된다는 것이다. 아픔과 고통, 힘듦이 없어야 하는 것이 아니라, 그 아픔과 힘듦 덕분에 우리 인생을 정말 필요한 사람으로 만들어가는 사명이 생기는 것이다. 내가 죽고 싶을 만큼 힘들었던 부분, 나에게 분노를 일으키는 부분은 역설적으로 나를 부르는 소명(calling)의 장소요, 그곳에서 나에게 사명(Mission)이 주어진다. 불편한 부분은 그만큼 개발되지 않았다는 뜻이요, 분노를 유발하는 영역은 불합리와 부조리가 존재한다는 뜻이다. 그래서 그곳은 내가 가서 해결해야 하는 사명지. 인생의 방향을 찾을 때 내가 불편을 느끼는 영역, 내가 어떤 장면을 보고 분노를 느끼는 영역이 사명이다. 어떤 청소년은 가난하고 못 배운 부모님이 법의 폭력에 휘말리면서도 대처하지 못하는 부분에 분노를 느꼈다. 그래서 자신은 법의 정의를 실행할 수 있는 법관, 법의 피해를 당하는 사람들을 도와주는 변호사가 되려고 법조인이 되겠노라 결심했다.

또 다른 예시를 보자.

"나의 사명은 가난해서 밥을 먹지 못하는 사람들에게 배불리 먹을 수 있도록 무료 급식을 제공하는 일에 헌신하는 것이다."

이 사명을 가진 사람은 무료급식소를 운영할 것 같지만, 그의 꿈은 천 명의 직원이 있는 회사의 CEO가 되는 것이다. 중학생이 쓴 사명 선언문인데 이렇게도 표현할 수 있다는 것이 놀랍지 않은가?

"세계의 미래를 이끌어갈 천사 같은 아이들에게 행복하게 꿈을 꾸며 인생의 아름다움을 알리는 일에 헌신하는 것이다."

이 사명을 위해 그 학생은 특별한 유치원 선생님이 될 것이라고 했다.

중학교 1학년 남학생은 이렇게 썼다.

"세계 여러 나라 사람들과 소통하고 싶은 청소년들에게 영어를 능숙하게 말할 수 있도록 돕는 일에 헌신하는 것이다."

이 학생은 대한민국 스타 영어 강사가 될 것이라고 했다. 영어를 능숙하게 말할 수 있게 하기 위한 직업은 매우 다양하다. 영어 교과서를 만들거나, 영어 학원을 차리거나, 외교관이 되거나, 대사관의 영사나 대사가 될 수도 있다. 하지만 이 학생은 구체적으로 대한민국 스타 영어 강사가 되고 싶다고 했다.

사명이 없는 꿈은 위험하다.

많은 사람은 사명을 감당하기 위해서는 무엇이 되어야 한다고 생각한다. "나는 싱어송라이터가 될 거야."라고 사명을 설정한 후에 싱어송라이터가 되지 못하면 크게 좌절한다. 무엇이 되는 것(Doing)가 아니라 어떤 사람이 될 것인지(Being)를 사명 선언서에 써야 한다.

"나는 음악으로 사람들을 치유하고 행복하게 하는 사람이 될 것이다."

이렇게 하면 싱어송라이터도 될 수 있고, 가수도 될 수 있고, 작곡자도 될 수 있고 공연기획자도 될 수 있다. 존재에 대한 물음이 먼저여야 할 일에 대한 계획이 따라오게 되어 있다.

내 기억에 남는 어떤 학생의 사명 선언서가 있다.

"유기견 실태를 조사하고 유기견을 잘 씻겨서 청주 지역 독거 노인에게 선물하는 일에 헌신하겠다."

이 학생은 칼부림까지 하는 부모님의 부부싸움을 여섯 살 때 보았고, 이후 부모님과 함께 살지 않고 할머니 밑에서 자랐다. 수업 중 이 학생이 "선생님, 저는 강아지를 너무 좋아하기 때문에 이 강아지가 유기견인지 아닌지 한 방에 알아볼 수 있어요." 라고 말한 적이 있었다. 그 당시에는 크게 생각하지 않았지만 이 학생의 사명 선언서를 보고 눈물을 흘리지 않을 수 없었다. 이 학생은 혼자 사는 노인을 보며 자신의 할머니를 생각했을 것이다. 그리고 버려지는 강아지들을 보며 자신도 사실 부모에게 버려졌다는 생각을 떨치지 못하고 사는 것 같았다. 이런 아픔들이 사명에 녹아나는 것이다. 이 학생은 유기견 보호 센터장이 될 것이라고 했다.

아프지만 너무 아름답지 않은가? 나의 아픔이 곧 누군가를 도울 수 있는 가장 귀한 무기가 될 수 있다. 이 사명은 나의 과거의 아픔과 현재의 내 모습, 그리고 내가 되고 싶은 미래 모습의 총집합이다. 그것이 곧 내가 살아가야 하는 이유가 되고, 가슴 떨리게 살겠다는 각오가 된다.

이 질문을 통해 당신의 삶을 되돌아보고
그 기억과 생각을 바탕으로 답할 때 그 모든 답이
당신 인생의 글감과 미래에 쓰일 당신의 책으로 연결되었으면 좋겠습니다.

✢ 나를 치유하는 질문

1. 나의 인생에서 가장 큰 아픔은 무엇이었는가?

----

2. 그 아픔을 통해 누구를 도울 수 있을까?

----

3. 내 사명을 한 문장으로 표현한다면 어떻게 쓸 수 있을까?

----

4. 내 사명을 이루기 위해 구체적으로 어떤 사람이 되고 싶은가?

✢ 내 인생의 킥

"사명은 나의 아픔과 열정이 만나는 지점에서 피어나는 꽃이다. 그 꽃이 활짝 피면 내 삶은 더 이상 나만의 것이 아니라 세상을 아름답게 만드는 씨앗이 된다."

나의 사명

년　월　일

나 ＿＿＿＿＿＿＿ 의 사명은 ＿＿＿＿＿＿＿＿

＿＿＿＿＿＿＿＿＿＿＿＿＿＿＿＿＿ 에게

＿＿＿＿＿＿＿＿＿＿＿＿＿＿＿＿＿＿＿＿＿

일에 헌신하는 것이다.

나는 위 사명을 감당하기 위해서

＿＿＿＿＿＿＿＿＿＿＿＿＿＿＿＿＿＿＿＿＿

＿＿＿＿＿＿＿＿＿＿＿＿＿＿＿＿＿＿＿＿＿

될 것이다.

그래, 난 노란 튤립 첼리스트야!

미래 일기를 써 보라고?

특별한 글쓰기 방법 하나를 소개하려 한다. 바로 미래 일기다. 미래 일기는 단순한 기록이 아니라, 내 미래를 설계하고 꿈을 현실로 만드는 강력한 도구다. 내가 경험한 미래 일기의 힘과 작성법을 여러분과 나누고 싶다.

미래 일기는 아직 오지 않은 미래의 특정 날짜에 있을 일을 마치 오늘 있었던 일처럼 쓰는 것이다. 이것을 미래완료라고 한다. 보통 일기는 "오늘 학교에 갔다.", "친구와 영화를 봤다."처럼 지나간 일을 기록한다. 하지만 미래 일기는 10년, 20년 후의 내 모습을 상상하며 그날 있을 일을 이미 경험한 것처럼 쓰는 것이다.

예를 들면 이런 식이다.

2045년 4월 13일 오늘은 내 연구소 개소 1주년 기념일이었다. 아침에 일어나 특별히 골랐던 정장을 입고 거울을 보니 10년 전에는 상상도 못 했던 자신감 넘치는 모습이 보였다. 연구소로 향하는 길에 지난 1년간의 성과를 생각하니 가슴이 벅차올랐다. 작년에 개발한 환경친화적 소재가 이제 전국 학교 교복에 적용되고 있다니 정말 꿈만 같다. 오후에는 중학교 때부터 함께해온 친구들과 축하 모임을 가졌다. 우리 모두 각자의 길에서 성공하고 있는 모습을 보니 진심으로 행복했다. 특히 현우가 자신의 제과점 체인점을 시작했다는 소식을 들으니 중학교 때 과학실에서 몰래 실험하듯 빵을 만들던 모습이 생각났다. 저녁에는 연구팀 전체와 함께 식사하며 앞으로의 계획을 나누었다. 내년에는 더 큰 도전을 해보려 한다.

교실에서 학생들과 미래 일기를 써보는 시간은 항상 즐겁다. 처음에는 어색해하던 학생들도 점차 자신만의 미래를 그려가며 즐거워한다.

형사가 되고픈 한 여학생의 미래 일기를 소개한다.

2045년 5월 20일 오늘은 강력계 형사로서 10년 차 되는 날이다. 아침에 일어나 훈장을 바라보며 지난 시간을 돌아봤다. 어제 검거 과정에서 연쇄 살인범이 휘두른 칼에 옆구리에 상처를 입어, 아직 그 부위가 많이 아프지만 그래도 범인을 잡았다는 뿌듯함이 더 크다. 사무실에 들어서자 동료들이 환호성을 지르며 축하해 주었다. 점심에는 경찰청장님이 직접 찾아와 승진 제안을 하셨다. 저녁에는 중학교 때부터 내 꿈을 응원해준 친구들과 만나 옛날이야기를

그래, 난 노란 튤립 첼리스트야!

나눴다. 어릴 때는 내가 힘이 세다며 "너한테 잡힌 범인은 다 맞아

죽을 거야."라고 놀렸던 친구들이 이제는 내 직업을 자랑스러워한

다. 오늘 하루가 정말 뿌듯하다.

이런 상상력이 넘치는 글을 보면서 학생들의 무한한 가능성

을 본다. 그들은 자신만의 이야기를 만들어내고, 그 속에서 자

신이 되고 싶은 모습을 발견한다. 무엇보다 미래 일기를 발표하

는 시간은 모두가 키득키득 웃으면서도 서로의 꿈을 응원하는

따뜻한 시간이다.

우리 부부도 미래 일기의 힘을 체험하였다.

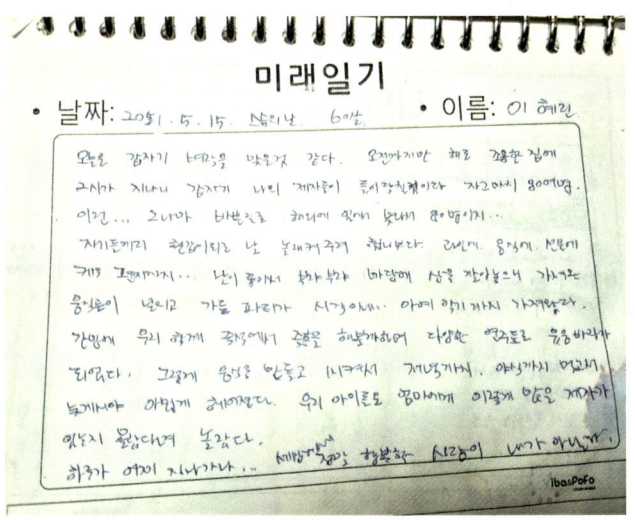

저자 특강을 준비한 이야기

2051.5.15 스승의 날(60세)

오늘은 갑자기 벼락을 맞은 것 같다. 오전까지만 해도 조용하던 집에 2시가 지나 갑자기 나의 제자들이 들이닥친 것이다. 자그마치 80명. 이런… 그나마 바쁜 일로 해외에 있어서 80명이지….

자기들끼리 환갑이 되는 날 놀래켜 주려 했나보다. 과일에, 음식에, 선물에, 케이크, 편지까지… 날이 좋아서 부랴부랴 마당에 상을 깔아놓으니 가져온 음식물이 차려지고 가든 파티가 시작이다. 아예 악기까지 가져왔다. 간만에 우리 함께 즉석에서 즉흥연주를 해볼까 하여 다양한 연주들로 웃음바다가 되었다. 그렇게 음식을 만들고 시켜서 저녁까지, 야식까지 먹고서 늦게서야 아쉽게 헤어졌다. 우리 아이들도 엄마에게 이렇게 많은 제자가 있는지 몰랐다며 놀랐다.

하루가 어찌 지나가나… 세상에서 정말 행복한 사람이 내가 아닐까?

내가 미래 일기를 쓸 때 남편도 같이 썼다. 남편이 쓴 미래 일기 중에는 "내 나이 45세, 나는 지금 박사학위 수여식 앞에 서 있다."라는 내용이 있었는데, 43세가 된 지금 실제로 박사과정을 밟고 있다. 원래는 그럴 수 있는 상황이 아니었는데 10년 전에 상상해서 썼던 글이 마침내 그 길로 가게 했던 것이다.

미래 일기에는 특별한 힘이 있다.

첫째, 구체적인 목표를 시각화하게 해준다. 성공하고 싶다, 행

그래, 난 노란 튤립 첼리스트야!

복해지고 싶다는 막연한 희망이 아니라, 구체적인 장면을 그리고 감정을 느끼게 한다.

둘째, 무의식의 방향성을 잡아준다. 우리가 구체적으로 상상하고 적은 미래는 마음속에 남아 결정의 순간마다 영향을 미치게 된다.

셋째, 현재의 선택에 의미를 부여한다. 미래를 위해 지금 무엇을 해야 할지에 대한 물음을 던지게 한다. 미래에 뭔가를 이루려는 사람은 현재의 삶을 아무렇게나 살 수 없다.

미래 일기, 이렇게 시작해 보자

1. 10년 후, 20년 후 특정 날짜를 정하자. 특별한 날일 수도 있고, 평범한 하루일 수도 있다.
2. 그날의 나를 구체적으로 상상해 보자. 직업은 무엇인가? 어디에 살고 있나? 주변에는 어떤 사람들이 있나?
3. 하루 일과를 과거형으로 써보자. 아침에 일어난 순간부터 잠들기 전까지의 일을 상상해보자.
4. 감정과 느낌을 담아내자. 그날의 기쁨, 보람, 때로는 고민까지도 솔직하게 표현해보자.
5. 시간이 지나면서 꿈이 변할 수도 있으니 또 다른 미래 일기도 써 보자. 그대로 안 살면 좀 어떤가? 난 상상력이 가득한 창조자다.

이 질문을 통해 당신의 삶을 되돌아보고
그 기억과 생각을 바탕으로 답할 때 그 모든 답이
당신 인생의 글감과 미래에 쓰일 당신의 책으로 연결되었으면 좋겠습니다.

✤ 나를 치유하는 질문

1. 10년 후의 이상적인 하루는 어떤 모습인가? 어떤 일을 하고, 누구와 함께하고 있는가?

_____

_____

_____

2. 미래의 나는 현재의 나와 어떤 점이 다른가? 어떤 성장과 변화가 있었을까?

_____

_____

_____

3. 그 미래에 도달하기 위해 지금 할 수 있는 작은 실천은 무엇일까?

_____

_____

_____

4. 미래 일기를 통해 발견한 나의 진정한 꿈은 무엇인가?

_____

_____

_____

✤ 내 인생의 킥

"미래 일기는 꿈꾸는 내가 아닌, 꿈을 이룬 내가 보내는 편지다. 그 편지를 받아들이는 순간, 우리는 이미 그 미래로 가는 첫걸음을 내디딘 것이다."

그래, 난 노란 튤립 첼리스트야!

미래일기

미래 날짜 _____

현재 날짜 _____

- -

- -

- -

- -

- -

- -

- -

- -

- -

- -

- -

또 하나의 노란 튤립으로 살아가길

벌과 파리 중 어느 쪽의 지능이 더 높을까요? 벌과 파리 중 어느 쪽이 더 고결하게 보일까요? 어느 심리학자가 실험을 했습니다. 둘을 통 속에 넣었을 때 누가 먼저 탈출에 성공하는가가 연구문제였습니다. 예상은 지능이 높은 벌이었지만 결과는 파리의 압승이었습니다. 벌은 탈출하지 못해 죽었지만 파리는 한 마리도 남김없이 다 탈출에 성공했습니다. 벌은 환경을 분석하고 탈출을 포기했지만 파리는 그야말로 좌충우돌 부딪치기만 했습니다. 그렇게 좌충우돌하던 파리 한 마리가 운 좋게 탈출구로 나갔고 그 모습을 본 다른 파리들도 그 파리를 따라 다 탈출에 성공했습니다. 저의 성공도 좌충우돌 덕분입니다.

여러분은 지금까지 저의 좌충우돌 인생기, 그리고 '노란 튤립'의 많은 이야기를 들으셨습니다. 어떤 생각이 드셨나요? 다시 한번 말씀드리고 싶습니다. 남들과 다르다는 것은 결코 나쁜 것이 아닙니다. 오히려 그 다름이 세상을 바꾸는 힘이 됩니다. 생각해 보세요. 세상을 바꾼 사람들은 누구였을까요? 일반적인 사람들이었을까요? 아니면 일명 또라이라 불렸던 사람들이었을까요? 우리나라의 위대한 CEO들, 세계를 변화시킨 혁신가들, 역사에 이름을 남긴 예술가들... 그들 모두는 자신만의 독특한 시각과 방식으로 세상을 바라보았습니다. 처음에는 이해받지 못했을지 모르지만, 결국 그들의 다름이 세상에 새로운 가치를 가져왔습니다.

저는 스스로를 또라이 첼리스트라고 부릅니다. 또 다른 사람들로부터 또라이라고 불릴 때 부끄럽지 않습니다. 제게 또라이란 말의 뉘앙스는 남들이 안 하는 것을 하는 모험가입니다. 지금의 저를 만든 원동력이 그 또라이 짓입니다. 그 또라이 짓을 통해 뭔가를 해 냈을 때 저는 스스로에게 이렇게 말해 줍니다.

"잘했어. 또 right야! 네가 하는 일은 항상 옳아!"

또라이 첼리스트답게 저는 전통적인 클래식 음악의 경계를 넘어, 다양한 장르와 협업하며 첼로를 연주했습니다. 때로는 누군가의 눈살을 찌푸리게 했고, 정통 연주자들로부터 오해와 비난을 받기도 했습니다. 하지만 또라이라고 불린 그 다름이 제가 다른 사람들이 가지 못한 길을 개척할 수 있게 해주었습니다. 물론, 모든 또라이가 세상에 긍정적인 영향을 미치는 것은 아닙니다. 타인에게 피해를 주거나 불편함을 주는 방식으로 자신의 독특함을 표현하는 이들도 있습니다. 그러나 제가 말하는 노란 튤립은 자신의 정체성을 찾아 기쁨과 행복을 나누고, 남들이 생각해 내지 못한 새로운 관점을 제시하며 세상을 더 풍요롭게 만드는 존재입니다.

청소년 여러분, 청년 여러분, 여러분의 다름을 부끄러워하지 마세요. 오히려 그것은 여러분이 가진 가장 큰 장점입니다. 어쩌면 지금은 그 다름 때문에 외로움을 느낄지도 모릅니다. 하지만 언젠가 그 다름이 여러분만의 독특한 길을 만들어 줄 것입니다.

선생님 여러분! 교실 속 노란 튤립을 발견하거든 그들의 색깔을 존중해 주세요. 모든 학생이 같은 방식으로 배우고, 같은 방식으로 표현하고, 같은 길을 걷게 할 필요는 없습니다. 다양성이 존중받는 교실이어야 모든 학생이 자신만의 빛을 발할 수 있는 공간이 됩니다.

제 인생은 한 마디로 좌충우돌이었습니다. 그러나 돌이켜보면 그 좌충우돌 덕분에 저만의 또라이 철학이 만들어졌고, 결국 저는 노란 튤립 첼리스트가 되었습니다. 여러분도 자신만의 정원을 가꾸어 보세요. 빨간 튤립만 있는 정원이 아닌, 노란 튤립도, 파란 튤립도, 분홍 튤립도 함께 어우러진 다채로운 정원을요. 그 정원에서 여러분만의 색깔로 피어나는 튤립이 되세요.

마지막으로, 세상의 각양각색 튤립에게 말합니다.

"그대는 세상에 단 하나밖에 없는 튤립입니다."

자 이제, 당신의 튤립 이야기를 들려주세요.

그래, 난 노란 튤립 첼리스트야!

지금의 나를 만들어 준
고마운 이들께 감사하며…

도전의 유전자를 물려주신, 나이 40세에 수능을 보고 50세에 목사가 된 아버지와 70대까지 계속 공부를 하겠다며 박사과정에 도전하는 어머니.

외국 땅에서 많은 것을 보고 느끼고 배울 수 있도록 키워주신 외삼촌 김상길 선교사님.

날 믿어주고 응원해 주며 본인들의 작은 봉급의 일부를 유학비로 지원해준 내 친구들.

내게 다양한 방법으로 클래식 음악의 큰 가르침을 주신 故 아나똘리 빠블로비치 니키친 교수님.

좌절 속 유학생활을 신앙으로 이기게 도와주신 러시아 선교사님들.

학비 마련을 위해 동동거릴 때 기적처럼 나타난 가이드 손님 중 학비를 다 채울 수 있게 스폰서가 되어 주셨던 예술의 전당 후원회 팀과 황선미 대표님, 故 허참 회장님.

학생들을 만날 수 있는 멘탈을 만들어 주시고 스피치 능력을 가르쳐 주신 용현중 실장님.

진정한 강사로 설 기회를 주신 3P자기경영연구소 강규형 대표님.

자연치유와 자연 출산에 용기를 낼 수 있도록 가르침을 주시고 생명의 은인인 백용학 도사님.

학생들이 학습과 자기주도성을 보다 쉽게 접근할 수 있도록, 제 욕구를 채워주는 멋진 노트를 개발해 주신 홍현수 대표님.

아직 기술도 없이 진심만 가득했던 시절 우리 부부의 손을 잡아주셔서 기회를 주신 한국교원대학교 융합교육연구소 백성혜 소장님.

자녀가 행복하기 위해 부부가 먼저 행복할 방법을 알려주신 지구촌 가정 훈련원 이희범 원장님.

사업가의 길을 가며 마케팅 수업을 통해 나의 정체성을 특별하게 봐 주셨던 故 경진건 대표님.

어떻게든 더 많은 학생을 만나게 해주시려고 애써 주셨던 청주일신여자중고등학교장님들.

제발 글을 써서 책을 만들자며 나의 글을 봐주고 함께 웃고 울어주었던 박현근 작가님.

언제든지 나의 이야기를 작품으로 만들어 주겠다고 약속해 주시며 글을 다듬어 주신 이병준 작가님.

대한민국 청소년을 넘어서 세계의 많은 청소년 만나는 장을 만들어 주신 유니블하트 김광호 대표님.

내가 만들고 싶어 했던 소재를 연극이라는 작품으로 만들어 주시고 나의 꿈이었던 연극무대에 세워주신 극단 '새벽'의 한선덕 대표님.

극단 새벽을 만나게 해 주신 장은숙교수님.

좌충우돌 내 인생을 그대로 담은 투박한 노란 튤립을 그려주신 이득효 작가님.

어린 자녀 때문에 일 못 한다 소리 하지 말고 너 하고 싶은 거 다 하라며 아이를 키워주신 시부모님.

내 눈빛만 봐도 내가 어떻게 연주하고픈지 다 알아차려 센스 있게 편곡과 반주로 맞춰주는 여동생 이주은 피아니스트.

엄마를 자랑스러워하고 자유롭게 엄마의 꿈을 이루도록 도와주는 우리 아들 치유, 이레.

언제나 내가 하고자 하는 일에 브레이크 걸기보다는 그 일이 될 수 있도록 뒷수습을 다 해주며 진정한 또라이 첼리스트로 서게 만들어 준, 내가 세상에서 가장 존경하는 남편 윤창호 대표.

이 모든 시간을 만들어주신 하나님께 감사를 올려 드립니다.